最暗黒の東京

松原岩五郎

講談社学術文庫

国民新聞紙上、既に世の喝采を博したるもの、今やその粋を抜き、かつ新たに材料を得て増加するもの殆んど過半。もってこの冊子となす。世人もし、◎最暗黒の東京とはいかなる所なるか？◎木賃宿の混雑はいかなる状態なるか？◎残飯屋とは何を売る所なるか？◎貧民倶楽部は誰によりて組織されしか？◎飢は汝らにいかなる事を教ゆるか？◎飢寒窟の経済は如何？◎汝は何故に貧となりしか？◎貧天地の融通は如何？◎汝は貧街の質屋を知るか？◎小児と猫はいかなる時に財産となるか？◎新開町はどの方角にあるか？◎銅貨は何故に翅を生ずるか？◎座食とは何を意味するものなるか？◎黄金と紙屑といずれか価貴きか？◎老耄車夫は如何？◎生活の戦争は如何？◎下層の噴火線とは何ぞ？◎車夫の食物は何ぞ？◎下等飲食店第一の顧客は誰か？◎飲食店の下婢は如何？◎労働者考課状は如何？◎日雇労役者の人数幾何？◎蓄妻者および独身者の状態は如何？◎夜店の景況は如何？その他糴市は如何、朝市は如何、文久銭市場は如何、渾てこれらの疑問を解釈せんと欲せば、来って最暗黒の東京に学べ。彼は貧天地の予審判事なり、彼は飢寒窟の代言人なり、彼は細民を見るの顕微鏡にして、また彼は最下層を覗くの望遠鏡なり。

目次

最暗黒の東京

凡例

一、本書は、乾坤一布衣（けんこんいちふい）（松原岩五郎）著『最暗黒之東京』（明治二六年一一月九日、民友社刊）を文庫化したものである。
一、原本の旧漢字・旧かなづかいを原則として新漢字・新かなづかいに改めた。
一、副詞・代名詞等に用いられている漢字のいくつかを平がなに改めたほか、読みにくい漢字には、原本のふりがなを尊重しつつ、適宜新たに付した。
一、読みやすさを考慮して、濁点、句読点、改行を適宜新たに加えた。
一、本文中、〔 〕で括って挿入したものは、編集部による注記である。
一、明白な誤記・誤植は訂正した。
一、本文中に、身体的特徴や障害、疾病、職業などに関して、現在では差別的とされる表現が含まれるが、本書の書かれた時代背景と歴史的資料性などを考慮し、原文のままとした。

生活は一大疑問なり、尊きは王公より下乞食に至るまで、いかにして金銭を得、いかにして食を需め、いかにして楽み、いかにして悲み、楽は如何、苦は如何、何によってか希望、何によってか絶望。この篇記するところ、もっぱらに記者が最暗黒裏生活の実験談にして、慈神に見捨てられて貧児となりし朝、日光の縕袍〔綿入れ〕を避けて黒暗寒飢の窟に入りし夕。彼れ暗黒に入り彼れ貧児と伍し、その間に居て生命を維ぐ事五百有余日、職業を改むるもの三十回、寓目千緒遭遇百端、およそ貧天地の生涯を収めて我が記憶の裡にあらんかと、いささか信ずるところを記して世の仁人に愬うるところあらんとす。

某年某月、日、記者友人数名と会餐す、談、たまたま龍動府の乞丐に及ぶ。彼らが左手に黒麵包を攫みて食いつつ右手に空拳を握って富豪を倒さんとするの気色は、いかに世界の奇観なるよ。英の同盟罷工、仏の共産党、ないし孛露〔プロイセンとロシア」の社会党、虚無党、その事件の起る所以を索ぬれば、必らずそこに甚だしき生活の暗黒なかるべからずと。談ずる者は咸当年の俊豪、天下有志家の雛卵にあらずんば、またこれ世界大経世家の嫩芽たり。その議論は毎に宇内の大勢にわたって、おのずから年少気鋭の譏を免かれざりしといえども、この段記者の感慨を惹くもの決して小々にあらざりし。時正に豊稔、百穀登らざるなく、しかるに米価荐りに沸騰して細民咸飢に泣き、諸方に餓死の声さえ起るに、一方の世界には無名の宴会日夕に催うされて歓娯の声八方に涌き、万歳の唱呼は都門に充てり。昨日までは平凡のものと思いし社会も、ここに至って忽然奇巧の物となり、手を挙ぐれば雲涌き、足を投ずれば波湧くの世界、いずくんぞ独り読書稽古の業に耽るべけんやと。すなわち大事は他に秘し、独り自から暗黒界裡の光明線たるを期し、細民生活の真状を筆端に掬ばんと約して羇心に鞭ち飄然と身を最下層飢寒の窟に投じぬ。

この行元より予に一の資あるなし、また元より一の声援あるなし。けだし我れ一個人の学問および智識が、即ち我が智慧および我が勤労ないし我が健康が最暗黒の世界において何ほど我れに福祉を与うるものなるかを見るは、独り貧窟探検者としての我れを知るのみにあらずして、学問修業者たりし我を知るにおいて大に利益あるべく、かつまた我が貧に居る一時の課業たるに止まらずして、もって我人生における生涯の活試験たらずんばあらず、と。即ち我は我に一厘の資本を与えず、また一の声誉を被せしめず、いわゆる着のみ着のままたる天涯の一漂泊的貧児をもって数年間最暗黒裡の食客たらしめんと期したるにありき。

天涯の一漂泊的貧児、いかにして最暗黒裡の食客たりしか。

時に九月下旬、残暑の炎熱はなおいまだ路上の砂塵を燬くに容赦なく、馬に蹴らる砂、車に跳らるる烟、撒水のために立昇る炎塵、往来の人は蒸せるが如く、ことに労働者の困難、暑に中らるるの人、往々路上に見る。かかる時の挿画的光景として常に一群の乞児、朝市の店晒しとなりし生瓜生茄子を噛りつつ軒下に立ち、あるいはひと山五厘の腐れたる桃子を恵まれて僅かに飢を凌ぎつつ、なおあらゆる掃溜を捜して、饐たる飯、餒れたる魚の骨を拾い食する様はいかに彼をして悚然たらしめしよ。とは言え彼も今は貧児の一人なり、よしその衣はいまだ乞児の如くに敝れず、その身はいまだ乞児の如くに穢れずといえども、彼が数日間の露臥と数日間の飢渇は著るしく彼の人相を窶さしめて、誰人の眼にも正しく彼は貧天地の産にして、「乞食の児も三年経てば云々」の運命をもって成長せし底の者とほかは思われず。路傍の警察官も彼を一の立的坊として咎むるのほかに咎むるを要せず。往来の人も彼を一の乞食として憐れむのほかに憐れむの事情をもたず。炎天を凌ぐために頭上に麦藁笠一蓋を頂き、煮しめたる如き着物の双つの袂に腐れたる李を包みて忽然と谷中の墓地に顕れ、乞食の群がり遊ぶ辺を立食いつつ行けば、ある者は猜忌の眼もて睨み、ある者は胡乱の眼もて咎むるにかかわらず、既にその同類たるを認識せし眼色を試験して彼は大に満足し、ああ、かくてこそ我れ混堂乞児の飯を喰い得べく癩病患者介抱をもなし得べし。いざ速やかに彼らが窟に入りて新らしき賓客とならめや、と貧窟探検者たりし彼が当時の為体は実にかくの如くにてありき。彼が野宿、彼が飢渇、ならびに堕落せる彼が李の立食は、要するに彼れが暗黒大学に入る予備門修行の前一日の課業にてありき。

一　貧街の夜景

日は暮れぬ、予が暗黒の世界に入るべく踏出しの時刻は来りぬ。いざさらばと貧大学の入門生は何の職業をもてる者ともつかぬ寠しき浮浪の体にて徐々と上野の山を下れば、早くも眼下に顕われ来る一の画図的光景。それはあたかも蒸気客車の連絡せるごとき棟割の長屋にして、東西に長く、南北に短かく斜に伸びて縦横に列なり、左方は寺院の墓地に疆られて右の方一帯町家に出入して凸字あるいは凹字をなせる一区域は、これぞ府下十五区の内にて最多数の廃屋を集めたる例の貧民窟にして、下谷山伏町より万年町、神吉町等を結び付たる最下層の地面と知られぬ。

町家を俛りて一歩この窟に入り込めば、無数の怪人種等は、今しも大都会の出稼を畢りて、ある者は鶴嘴を担ぎ、ある者は行厨を脊負い、ある者は汗に塩食たる労働的衣服を纏い、ある者は棒擦になりし土木的の戎衣を着し、三人五人ずつ侶をなして帰るは、これ即ち一日の労役を十八銭の小銅貨〔ロシアの通貨。ここでは小銭のこと〕に換えたる日雇人の一類にして、例の晩餐の店に急ぐなるべく、その後より敷紙の如くに焼たる顔の車力夫婦は、僅かに一枚の手巾をもって愛児の肚を包み、梟に嘲けられたる如き可憐の貌を夕景に曝らさせつつ、そが臥床に帰る後より十二、三の貧少女、姉と見ゆるは三味線を抱え妹も同じく手に扇子を持ちて編笠を頂き、稼ぎ溜めたる幺麼〔わずか〕の銭を数えつつ戻るその跡より耄々しき羅宇屋煙管の老爺、あるいは下駄の歯入する老爺、子供だましの飴菓子売、空壜買の女連、紙屑拾い、往来諸商人、しかして、この窟の特産物たる幼稚園的芸人の角兵衛獅子等は、おのおのその看護者に伴なわれて、茹蟹または蜀黍の焙り炙を食いつつ疲れて殆んど歩めざる足を曳ずりて踣け転びつ。

貧窟出入の要衝とも言うべき町家の辻には、今荷を解きたるばかりの夕河岸商人、戸板に茄子、胡瓜、馬齢薯、芋、蒟蒻、蓮根の屑等を列べ出す八百屋、あるいは塩鮭、干鱈、乾鯣、鯖、鯵の干物、串柿を売る五十集屋〔乾魚・塩魚を売る店〕、これに対する漬物屋の店には、ヒネ沢庵、漬茄子、辣韮、梅干の一山百文売、その隣なる居酒屋の前には焼鳥、焼鯣、炙唐もろこしと匂をもって道を塞ぎ、あるいは古下駄の土店、我楽多、古着、いずれも貧窟の需用に相応したる商品を列べて夕景を賑わす。中にも夕河岸の魚屋は最も活潑なる手腕を揮いて鰐〔鮫〕、鮪を割き、鰤、鰹魚を料理し、傍より蟹を茹出す女あれば、蝦を撰りつつ盛出すに忙がしき小童は奇異なる数取の呼声をもって叫べり。数多の人はみな、夕河岸の店に簇まって、その新鮮なる一臠〔一切れ〕を買わんと欲し、あるいは破肉を需めて帰る人、あるいは刺身を依頼する人、見物する人は四方より群がり来って、さながらの黒山を築きなせり。

総ての店頭に油煙は燿やき始めぬ、いかに最暗黒の夜景の賑わしきよ。その居酒屋には数多の労働者入浸りて飲み、その飯屋には無数の下等客混み入りて食い、その寄席といえる下等の演芸所は混雑せる老幼男女の客によって満され、頻りに演台の余響を戸外に鳴しつつ客を招くを見たり。貧大学の入門生はこれらの雑響を遮りて一直線に他の暗黒へ踏入れば、夜景のまさに尽んとする処において、一個の煤りたる檐行灯を見掛けぬ。即ちこれ木賃宿にして下層人種の雑多混合する所なり。よって予は謂えらく、まず我が貧大学課程の第一就業として今夜この混合洞窟に入込み、貧天地の一部分を代表する各種の人物について、その状態を見届けんと踵を旋らしてこの家に入りぬ。

二　木賃宿

木賃宿に入って、まず見るものは、その店の雑物なる哉、ああ予をして須臾らく彼らと共に遠征的行商または遍歴商人、旅芸人、千ケ寺僧〔千箇寺参りの僧〕、回国巡礼等の群に入らしめよ。彼らの生涯はいかに旅行的椿談綺話をもって満さるるよ。彼らは今その小説の第一回を終って都会に須らく休息を執の時なり、さればその、彼ら行商輩が遥征的輜重たる諸種の道具箱、芸人軽業師等が曲座を設くべき長柄の傘、天幕、およびその棹、二十四拝〔親鸞の二四人の高弟。またはその旧跡を巡拝する人〕の負櫃、回国者の笠、あるいは錫杖、杖の類、長途の労に擦切たる韈草鞋に至るまで歴々として彼ら宿泊者の混雑を示したり。

まず例によって宿料三銭を払い、宿主の命令的注意に従いて履物を紙片にて結び椽の下へ投込み置き、案内されて座敷へ行けば、そこは三間開放したる座敷にて二十畳ばかり敷かるる処なり。中央の柱に掲げたる一個ブリキの箱に入れたるランプ、これ、この室内を照らす灯火にぞある。泊り客既に五、六人ありて各一隅に割拠し、杉の丸太を五寸ばかりに切落したるを枕となして仰向様に臥したるもあれば、その枕を煙草盆に代用して煙管を敲く人、また一人は例のランプの下に剃刀を持ちて危座しつつ頻りに頤を撫で居たりしが、けだし室内の混雑するに先立ちて今の間に髯を剃置ものならん。

　新賓客なる余は右側の小暗き処に座を取りしが、そこには数多積重ねたる夜具類ありて、垢に塗れたる布団の襟より一種得ならぬ臭気を放ち、坐ろに木賃的の不潔を懐わせたるのみならず、予の隣に坐せる老漢はいわゆる子供たらしの文久的飴売〔子供相手のけちな飴屋〕なるが、その煮しめたる如き着物より紛々と悪臭を漲らし、頸筋または腋の下辺を荐りに掻き捜しつつ、所在なき徒然に彼の小虫を噛み殺しつつありしを見て、予は殆んど坐に堪えがたく、機会を見て何処へか場所を転ぜんと思い居るうち、また四、五人の客どやどやと入り込み来れり。

　見れば皆いずれも土方、日雇取的人物にして半身に襦袢一枚引掛けたる立坊風の男、あるいは老車夫もありしが、続いて帰り来たりしは旅商売の蝙蝠傘直しを職とする夫婦連の者にて、中に四歳ばかりの小児を伴れて居たりしが、その妻なる者は広き世間の木賃的経験を積み来りし者と見え、万事すこぶる世馴て軽快なる愛嬌をもち、その入り来るや室内の数多き人を見て、「マア沢山こと叔父さんが」と一言まずその小児を嬉ばせつつ、予が傍らに座を占めて双方へ会釈しぬ。予は傍らに居て密かに彼女の容貌を見れば、色黒くして鼻低く、唇皮厚くしてその歯は鉄漿もて染めいたりしが、その面貌の酷だ醜なるにも似ずして自然に嬌趣を持ち、その天地をもって家とする底の坦懐と、人を見て悉く同胞と見做すの慈眼をもって挙動たり。

　時に傍らに一人の日雇取らしき若者ありて、その綻びかかりし襦袢の袖を縫い止めんとしてありしが、彼女は忽ちその覚束なき手風を見て傍より褫い取り、串戯〔冗談。たわむれ〕の内に手際よく縫止めて与えければ、若者は頻りにその親切を喜び謝せり。予はこれを見て窃かに謂えらく、ああ彼の女は既に混合洞窟の木賃宿をもって美わしき家庭となす。万一彼女誤って囚獄の人となる事あらんか、恐らくは彼の囚徒らに接してもなおまた叔父、叔母の情愛をもって親切を尽すの人たらんかと。果せる哉、彼女の坦々たる懐に宿りし彼が小児は、手に二顆の桃を持ちつつ、この数多き人々の一座を喜びて室内を戯れ廻り、最後に彼の飴売なる老漢の肩に取縋りて甚麼なる技芸を習いつつ喜びしは何となく予が眼に剰りて見えにき。

　その内にまた幾人か帰り来り、宿の主婦来って床を伸かんというに、おのおの立上りて手伝をなせしが、一畳一人の割なれば随分究屈を感ずるならんと思い居りしに、事実はそれをも許さで、一張の蟵に十人以上の諸込なれば、何かはもって耐るべき。蒸さるる如き空気の裡に労働的の体臭を醞醸し、時々呼吸も塞がんばかりなるに加えて蚤の進撃あり、蚊帳は裾より壊れたれば蚊軍は自由に入るべく、この境界にあってもなお予は彼の捫虱的飴屋の傍に近かざらん事を祈り居りしが、命なる哉、いつしか既に伝染せし事と見えて膝のあたり不思議にむず癢くなりしをもって、指頭を入れて摸索見しに果してこれ一個の因循的小虫なり。彼が垢膩を啖い血を喰い飽きて麦粒の如くに肥りたるものなれば、余りの事に予が手をもって潰す事も得ならざりし。

ああ偽なる哉、偽なる哉、予は曩日かかる暗黒界に入るべき準備として数日間の飢を試験し、幾夜の野宿を修業し、かつ殊更に堕落せる行為をなしてもって彼ら貧者に臆面なく接着すべしと心密に期し居たりしに、これが実際の世界を見るに及んで忽ち戦慄し、彼の微虫一疋の始末だになすことを得ざりしは、我れながら実に腑甲斐なき事なりき。ああ想像は忝なく癩乞丐の介抱をもなし得べし。しかれども実際は困難なり、虱を捫る翁の傍にも居がたし。

三　天然の臥床と木賃宿

蚊軍蚤軍の襲撃とは平凡なる形容のみ、その実いかほどうるさき蚊、耐えがたき蚤、シラミのために攻めさいなまるるかに至っては、予をして殆んど言語を断たしむ。ただ終夜睡眼を摩りつつ頸筋を擲ち、腋下を擦り、背中を撫廻し足底を抓き、左へ坐し、右へ転じ、起きて見つ臥て見つ、あるいは立ち上り、衣を揮い、精神朦朧として不快限りなく、眠らんと欲して眠る能わず、輾転反側もって一夜を明かす、これ実に混合洞窟の実境なり。早起盥漱せんと欲するに完全なる銅盥〔かなだらい〕なく、僅かに鉄葉の錆たる物一個、生温き濁水を汲みたる手桶と共に便所の側に出しありしが、予はなお口漱ぎとしてこれらの物を使うを欲せず。表口の開くや否、驀然に飛び出して新鮮なる大気を呼吸し、八方駈け廻りて僅かに掘井戸を見出し、そこにてようやく釣瓶顔を浣いけり。

貧窟探検者としての余は当時いかに意久地のなかりしよ、一見したるばかりにて驚きし貧窟の怪人種、虱を捫りて噛つぶせし飴売翁の傍らを怖るる位の臆病者、いかで癩乞丐の看病がなさるべき。ただ一夜の経験にて懲りし木賃宿の実況は端なく日頃の野宿を懐い起して、柔かき草の寐床を慕わしめたるも無理ならず。しかれども思え、鬼の如き腕を持ち、鋼のごとき身体を持ちて働らく彼の日雇取、土方の如きすら、三度の食事を省き、着たき衣物を買い得ずして毎夜三銭ずつの木賃を払うもの、これ何故ぞ。

これ、たとえその蚤、シラミ、蚊、臭気、醞醸、苦熱をもって圧らるるといえども、なおその寝床は、彼の柔らかにして涼しく美にして裕なる天然の臥床にも勝る処あるが故なり。けだし蓐の臥床も千夜に一夜の風流として偶然の天象を楽むには、この上もなき娯戯なれども、これを積極的の臥床としては到底論あるべからず、風流の臥床としては柔らかき緑色の氈も、積極的の寐床としては露に濡りし蓐艸の上なり。彼の木賃宿において醞醸せる体臭に蒸さるるは患難といえども、それなお忍ぶべし、しかれども三更〔午後十一時から午前一時〕星を侶として寂寞の天地に身を沈むるは永く耐べき事にあらず。かつまた蚊軍蚤軍に襲撃さるるの苦は随分苦なりといえども、野に臥して深更、蛇、蝦、蟇等に枕席を捜らるるの気味悪きに比すれば、敢て酷だしき苦痛にあらざるべし。

これをもって熟々懐えば、かつて人間自適の頂上と我が心に契り秘めし古し聖の西行が「独り住む片山里の友なれや――」と読み残したる一首の名歌、ないし芭蕉が明月の一句〔名月や池をめぐりて夜もすがら〕、共にこれ古今の名吟、千古の絶誦として口を絶たず、嵐に晴るる曙のの月を眺めては頭陀袋、いざこれからはと一生涯を檜木笠、一笻〔竹〕の杖の軽に任せし夢の世界を楽みたりしが、今にしてこれを思えば、ああ我もまた凡夫に落ちけり、片山里の独り住も飢てはさすが詩も神髄に入るを得ず。

たとえ、よもすがら池をめぐりて明月のあざやかを見るとも、常に我が庵なく我が臥床なくして奚ぞ美景の懐ろに入るべき。西行も三日露宿すれば坐ろに木賃宿を慕うべく、芭蕉も三晩続けて月に明さば必らずや蚊軍、蚤虱の宿も厭わざるに至るべし。

ああ木賃なる哉、木賃なる哉、木賃は実に彼ら、日雇取、土方、立坊的労働者を始めとして貧窟の各独身者輩が三日の西行、三夜の芭蕉を経験して、しかして後慕い来る最後の安眠所にして、蚤、シラミ元より厭うところにあらず、苦熱悪臭またもって意となすに足らず、彼の一畳一人の諸込部屋も五、六の破幮に十人逐行の動物的待遇も彼らのためには実に貴重なる瑶の台にして、茲に体を伸べ茲に身を胖くして身体の疲労を恢復し、もって明日の健康を養い、もって百年の寿命を量るにあれば、破れ布団も錦繍の衾にして、截り落しの枕もこれ、邯鄲の製作なりと知るべし。

四　住居および家具

露宿と木賃の比較的優劣論を偶感しつつ、予は混合洞窟を立出、早速この身を容べき恰好の窩を見附出さんものと種々に苦考せしが、何分にも土地不案内なるものなれば、さし当ってこれぞというべき妙計もなければ、まずともかくもこの社会において職業ひと通りの容子を見るこそ第一の便利ならめと堅く心に期して裏々窟々を貫あるき、端より端まで残る方なくひと通りの検分を遂げたりしが、ああ予はこの日はからずも生来いまだかつて見し事のなき数多の巧緻なる美術品を見たり。実に予はこれまで何処の博覧会、いかなる勧業場、製作場においてもかつて見し事あらぬ奇なる天然物、妙なる製作品、驚くべき手芸品を見たり。

乞う諸君決して笑うなかれ、生活は実に神聖なり、貧は実に荘重の事実なり。いやしくも人間生活上の事実とあらば、それが鹿鳴館の仮装舞踏会と貧民社会の庖厨騒ぎとに軽重のあるべきはずなし、否むしろ仮装舞踏に向っては、それを笑うべき無遠慮も貧の庖厨に向っては、それが酷だしき残忍の所為たらずんばあらず。ああ彼らの家は元来いかなるものなるか、彼らの什器はいかなるものなるか、彼らの衣服、彼らの食物はいかなるものなるか、しかして彼らは元来いかにして生活しつつあるか。読者試みに想像せよ、彼らの家、彼らの什器は古来いまだかつていかなる人にも画かれず、またいかなる書にも記載せられざるなり。世には数多の博覧会、美術会、共進会あり、しかれども、彼らの家、彼らの什器の実画はいまだ描き出されざるなり。世に

貧家の家什　木の片に縄を穿ちて履く

は数多の画工名匠ありて、お姫様の弾琴、華族の宴会、花禽、山水の数多く画かるるにかかわらず、絶えて彼らの家具什器は画れたる事なく、世には数多の文人作家ありて、才子の入浴、佳人の結婚、あるいは楠某〔楠木正成〕の忠戦の事など仰々しく記載さるるにかかわらず、いまだかつて彼らの生活的実境は記述されたる事あらざるなり。博覧会にても見るべからず、共進会にても見るべからず、画師にも書かれず、小説家にも作られず、画にもなく書にもあらざる一種特別なる世界の事物を見し事なれば、その事物は悉く新規の物にして予の見聞は空前に新奇ならざるを得ざりき。

予は実に貧家の事物のために予が耳目を洗礼したり、ああ彼らの住家は実に九尺の板囲いなり、しかして、その周囲は実に眼も当られぬほど大破に及びたるものにして、その床は低く柱は才かに覆らんとする屋根を支え、畳は縁を切して角々藁をばらしたる上に膝を容れて家内数人の団欒を採る。あるいは縄もて仏壇を掲し、または古葛籠を掃めて神体を安置し、もって祖神、祖仏を奉祀するの崇敬心を壊らず。しかして驚くべきはその家財とも称すべき什器にして、土竈はあたかも癩病患者の頭の如くに頽れ、釜の縁は古瓦の如くに欠け、膳には框なく椀は悉く剝げたるもの、擂鉢の欠たるもなお火鉢として使われ、土瓶のヒビキたる〔罅が入ったもの〕もなお膏貼して間に合さる。かつ、その日用什器として使用さるる傘はいかなるものなるか、これその骸に各種の巾をハギ集めて僅かに開閉さるるものなり。その履物は如何、これ実に木の片に縄、綴切、竹の皮等を綯りて僅かに足を繋ぐものなり。しかしてまた、その夜具臥床の類は如何、これまた実に彼らが生活の欠陥を表する好材料にして、神秘なる睡眠を取るべき彼の布団は風呂敷、あるいは手拭の古物、または蝙蝠を剝ぎたる傘の幌などを覆うて才かに絮の散乱するを防ぐの丹精物なり。

　これ実に彼らの家具および什器なり。世人はこれを見てその事欠の甚だしきを笑い、あるいは殊更に彼らが狂言染たる生活に甘んずるものと思為して嘲笑する者なきにあらず。しかれども思え、彼ら本来何を苦しんでかかる狂言染たる真似をなすものならん。彼らは実に生活上やむを得ずしてこの事欠を表わすものなり、彼らは実に必要に迫って、この狂言染たる態を描き出すなり。知らずや彼らの生活はスベテ「欠乏」といえる文字をもって代表され居るものなるを。彼ら既に万事欠乏の裡に生活す、いずくんぞ、その欠乏を満たすための経営なからんや。木片に縄を穿ちて履物となす、これ実に彼の欠乏を充たすの大経営にあらずや。土鍋のヒビカキたるに膏紙して物を煮る、これ実に彼の欠乏を満たすための惨憺なる心計にあらずや。世にミカエルアンジロまたは甚五郎左匠等が惨憺の意匠に製作たる彫刻を見て感ぜざるものは美術を知らざるものとなす。しかれども、貧者の事欠道具を見てその意匠を思わず、単に不器用なる狂言道具としてこれを冷笑するは酷だ残忍なるものといわざるを得ず。何となれば元彼らの醜しき不器用品たとえ蝙蝠の幌を剝して作りたる布団夜着の類といえども、その一旦必用に迫って製作するの心計惨憺に至っては決して彼の古昔の名匠大家等が経営せし図案に異なるなければなり。

　かくの如く彼らは万事欠乏の裡に生活す。金銭は社会の流通物なれども、彼らの社会には金銭なるもの殆んど融液する事なし。精巧なる器具、美麗なる什器、あらゆる物貨は世上に積れて人々の自から取るに任かされたるほどの有様なれども、彼らのためには、鏡中の花、水中の月にして元よりこれを取る事能わず、また取ってこれを使用するの権利を褫奪され居るものの如し。故に彼らは物貨山積したる大都会の中央に住ながらも、なおその身は曠漠たる無人の原野にあるものの如し。伝え聞く、福島〔安正〕中佐が西比利亜にて購いし毛皮の韈は、格好不器用にして粗製の甚だしきもの、もしこれを穿ちて東京市中など歩かば直に路上の物笑いとなるべきほどのものなれども、食物なく人情なき蒙古の野を跋渉するにはこれが実に必用の什器にして、これによって一万キロメートルの行程を旅行し来りし中佐のためには、実は一代の珍宝たるべく、まことに稀世の什物として保存さるるものならん。されば、彼らが所用に属する欠けたる土瓶、破れたる擂鉢においてもまた同じく食物なく人情なき砂漠の生活において使用し来り、これによって湯を飲みこれによって粥を啜り来りし彼らのためには実に貴重なる什器、尊き家財にして、決して傍らより見てもって笑うべき品にあらざるを知る。

因に言、金銭をもって調達する事能わざる人々の器具がいかなるものなるかは、この窟を一見して始めて知る事なるが、彼らは火事場において焼縮れたる鉄板または鉄葉の錆たるを拾い集めてこれを漏る庇の天井に補い、あるいは一升樽の鏡の抜けたるを拾いてこれを手水鉢に代用し、瓦石を集めて手造の炉を切り、または天竺綿などを包める舶来の布嚢を展ばして畳の上布に使い、またこれを夜の具に用うるなどは随分惨憺の景状なり。しかして茲に彼らが真の経営によって作られたる物と思わるるは、彼ら廃人が出稼の時に用ゆる躄車にして、縁は溝板をもって打附たるが如きものにて、底に竹を渡し、前後に真棒を貫てそれに松の木を輪截にしたる歯を穿ちて輾となし、棹をもって地を押すに随ってゴロゴロと進み行く様に作りたるものなり。実にこれ独逸のロビンソン的製作物にして彼らが砂漠の旅行において欠くべからざるの要具たるべく、しかしてその経営たるや彼の黒塗の人力車、舶来の自転車等の精巧なるものに比しても、なお数十倍の手間を費したるものなること明らかなり。

五　貧街の稼業

貧窟探検の記に曰く、裏より裏へ貫け、窟より窟へ入り込みて偶々行き止まりの所に突き当れば、天窓を掻きて跡返りするは、常に拠所なき処に建られたるこの社会の総後架とか言う共同の便所なり。尤もこの貧窟は以前にちょっと記載し置し如く、一の荒地に向って蒸気客車の四輪車を並べたるが如きものにて裏もなければ表もなく、随て往来として人道の完全なる通路なく、卍〔まんじ〕字あるいは巴〔ともえ〕字

家の前に便所を設けり　両便所

の形に地面を透かして家を建列ねたるものなれば、人道の中央点に当って雪隠所を設くるも元より苦情あるべきはずなしといえども、玆に住居する人々が家に居てこれを眺むるに、正しく南風の薫じ来らんとする処、日光、月光の恵を投げんとする処を掩蔽して常に悪臭を放たす。これ、その地代を上ぐるに忙しき地主の慈善によって然らざるを得ず。

貧窟に来って住する人常にこの義を会得せざるべからずと、それより旋ってこの窟々にて渡世する者を見るに、まず最も多きは車挽にして、日雇取、土方諸職人その大部分を占め、屑買、屑拾い、羅宇屋、鋳掛屋、蝙蝠傘直し、笊屋、ブリキ屋、塗師屋、陶器焼ツギ、鼻紙漉など、世の廃物を繕うて活計する手工人を始めとして、彼の祭文語り、辻講釈、傀儡遣い、覗き機関等の縁日的野師、または幼稚園的芸人たる角頭獅子の児供を飼いて稼がする親方、日済の高利貸、損料屋、縁日小商人、売卜者、灸点家、按摩、巫医、看板書、その他巡拝修業者としては千ケ寺僧、六部、巡礼等あり、晩商〔まともな物を扱わない商人〕としては宮物師、納連師あり、その他瓜、茄子を売る小八百屋、塩鮭干魚を商う小魚屋、薪屋、小道具屋および荒物兼帯の焼芋屋、児供を集えて文字焼をなす一文菓子の小店、そのほか夜商売の路上商人、古下駄、古着の繕い、内職人としては燐寸の箱張、楊枝削り、鼻緒縫、石版色附、足袋屋仕事、葉煙草伸し、団扇の骨削り、金具磨き、紙屑撰り、その他の小稼業に至っては到底枚挙して尽すべきにあらず。

　さて見渡すところ数十種の世渡り稼業、その好を着べきの数、決して寡きにあらずといえども、如何せん、この裏にて稼業する人々の儲け高となるところは、多きも二、三十銭を昇らず、寡きは一日僅か五、六銭の手間賃にて就業する位なれば、いかでか一人たりとも新らしき賓客を請じて、これに餖組するの余裕あるべき。むしろ彼の土方日雇取、米搗の部屋、または軽業師、見世物師等の部屋にて多人数寄り集り健全なる労働をもって立てられたる組合あらば、直ちに馳せて新食客たるべきを期するなれども、この窟（しま）においては更にかくの如き部屋的組織の完全なるものなかりしをもって、余が身を投じて研究すべき貧大学の第一課程はすべからく他の貧窟において取らざるべからざる事を観じたれば、貧天地の最後の探験（たんけん）はこれを第三学期の課業に譲ってひとまず茲（ここ）を立去りたり。

六　日雇（ひよう）周旋

下谷（したや）を去って浅草（あさくさ）に行き、阿部川（あべかわ）町のある土方部屋（どかたべや）を訪（たず）ねて予は一応の申込（もうしこみ）をなせしが、人員充実の廉（かど）をもって謝絶され、それより花川戸（はなかわど）といえるところの同業の部屋頭（がしら）を尋ね行きしが、これまた多人数の故をもって談判（だんぱん）ならず、去（さり）て馬道六丁目に住する人受（ひとうけ）の某といえる親分株の処へ行き、軽業師（かるわざし）仲間かあるいは他の野師（やし）輩の連中に加わりてひと稼（かせ）ぎしたきよし申込たりけるが、これもまた早速（さっそく）の運びに至らずして廃（や）みたり。しかるに、この内にて偶（ふ）と仲間同士の渡り合の事柄に付（つい）て二つ三つ聞き知る事ありたりければ、心俄（にわ）かに発明したる如く彼（か）の英語初学者が字書に縋（すが）って代議政体（だいぎせいたい）論などを辿（たど）り読むの心にて、いかなる大暗黒裏、大怪窟（かいくつ）にも躊躇（ちゅうちょ）なく身を投じて充分なる研究をなすべき事を期したり。

しかるにあに図らんや、この近傍において東京第一と言わんよりは恐らくは日本第一の最暗黒の怪窟として、士君子の口にはその名称を唱ゆることを憚られたる旧世界の遺跡〔吉原遊廓のことか〕ありて存じ、しかして、その怪窟たるや、およそ世にありとあらゆる悪心の結晶体、生活の犠牲、魔物の標本、誘惑の神、肉慾の奴隷等が心中の争闘をもって活動する混合洞窟にして、東京中の秘密と言わんよりはむしろ日本国、恐らくは世界中の秘密の集り来って爆裂する最後の大戦場ともいうべきところにして、誘惑の神、悪魔の変形等が活潑なる技倆を揮うところたらんとは。されば、一朝この怪窟の裏面に立入って、錦と飾られたる裏の雑巾的紋様を見るならば、およそ世にありふれたる人情の僻処、曲処、痛所、癢所は歴々として我らの眼底に映じ来るべくして、人間生活の側面しかも最も錯雑したる人間生活の側面、もしくは美の粧飾を剝がしたる世話心中の狂態は、日常の茶談として喫飯、喫烟の間に感得さるべきのところ、坐ながら世相の秘密を知るべき大機関的洞窟の眼前数尺のところにあらんとは。予はこれを聴いて狂踴一番、一切の経画を抛擲して直ちにこの魔窟に向って身を投ぜんと決心したりき。しかれども運命の手綱は勇み立つ駒の韁を引止めたり。予は顧えり、ああ我れいまだ人に仕うるを得ず、いずくんぞ鬼神に仕うるを得ん、いまだ貧窟の単純なるを探り得ず、何ぞ能く魔窟の錯雑せるを探り得るの技倆あらんやと、坐ろに身のほどを観念して茲を立去りたり。

往けよ飢寒窟、満目襤褸の世界に。予は浅草よりまた下谷へ戻り、上野山崎町より、根津宮下町、小石川柳町、伝通院裏、牛込赤城下、市ケ谷長延寺谷町等大都会の周囲を縁取れる各小貧窟の裏々をさまよいて、終に山の手第一等の飢寒窟と聞えたる四ツ谷鮫ケ橋という処に来れり。

鮫ケ橋に入って予は予て聞き及びたる親方株の清水屋弥兵衛といえる人を尋ねたり。弥兵衛氏は田舎出の人にて土方上りの人物、やや宏量にして仁心あるところよりして貧人の倚信を得、その言は貧窟間に多少の貫目を持ちて聴ゆるものなりしが、一面識なきにもかかわらず予が一個の労働者として活計の事を謀りしに、「人間は遊んでいて食するものにあらず」「壮き漢が骨を惜むという事あらべからず」といえる老農的金言を実践躬行する彼れの口よりものいわせて、終に予を近所の残飯屋へ周旋なしくれたり。

ああ残飯屋、残飯とはいかなるものか、これ大厨房の残物なるのみ。諸君試みに貧民を形容するに元といかなる文字がよく適当なりと見る。飢寒、襤褸、廃屋、喪貌、しかれども予はこれが残飯または残菜なる二字の最も痛快に最も適切なるを覚わずんばあらず。しかして今、予はこの貧民を形容するに適切なる残飯もしくは残菜を実に

残飯屋の家屋

したる残飯屋を目前に控えたり、予は往ざらんと欲するも得べからず、予は飛んで往きぬ。

まず見る貧窟残飯屋の光景、西より入れば窟の入口にして少しく引込みたる家なりしが、やや広き表の空地には五、六枚の筵を舗きて残飯の饐れたるを麹の如く日に乾したるものありしが、これ一時に売切れざりし飯の残りを糒となして他日売るものにやあらん。彼らのためには即ちこれが彼の凶荒備蓄的の物ならんかと想像せしめたり。家は傾斜して殆んど転覆せんとするばかりなるを突かい棒もて、これを支え、軒は古く朽て屋根一面に蘇苔を生し、庇檐は腐れて疎らに抜けたるところより出入する人々の襟に土塊の落ちんかを殆ぶむほどの家なりしが、家内は田舎的の住居にして坐舗よりも庭広ろく殆んど全家の三分の二を占めたる処に数多の土取笊、半切桶、醤油樽、大なる壺、粗き瓶そのほか残飯残菜を容るるに適当なる器具の悉く不潔を帯びて不整列に並ばり居るを見たりき。しかるに何ぞ図らん、この不潔なる廃屋こそ実に予が貧民生活のあらゆる境界を実見して飢寒窟の消息を感得したる無類の（材料蒐集に都合よき）大博物館なりしならんとは。

因に言。一面識なき予も弥兵衛氏の尽力によりて他の労働的賓客となる事を得たりしが、その妻なる者もまた田舎的、朴訥仁にして背にその赤ン坊を負いながら予を残飯屋へ案内する途中、「いかにかくの如き事務まるや否や、ともかく二、三日の辛棒あれかし」と言い、その雇主へ紹介して、「何分白人なればよろしく」と予を乾児的に抑えて依頼し、それより二、三日を経て見舞いし時に、「いかに骨は折れざるか、もし辛くば代人を差入るべし」と種々親切に慰藉せしが、そのたびごとに予は彼女の仁心を掬したりき。

七　残飯屋

弥兵衛氏の周旋をもってその日より余は残飯屋の下男となり、毎日、朝は八時、午は十二時半、夕は同じく午後の八時頃より大八車に鉄砲笊と唱えたる径一尺あまりの大笊、担い桶、または半切、醤油樽等を積みて相棒二人と共に士官学校の裏門より入り、三度の常食の剰り物を仕入れて帰る事なるが、何をいうにも元来箸よりほかに重き物を持たる事のなき身が、俄かにかかる荒働きの仲間に入りたる事なれば、その労苦は実に容易の事にあらず、力は無理をしても出すべきなれど、労働の呼吸に不案内なるより毎々小児の如き失策を重ねて主人の不嬉嫌を買う事一方ならざりし。されど、これもまた貧大学の前期課程なれば茲の我慢が肝要なりとじっと辛棒するうち、日ならずして、その呼吸も覚わり、後には最寄の怪人種等より番頭々々と尊称さるるに至りき。

さるほどにこの残飯は貧人の間にあってすこぶる関係深く、彼らはこれを兵隊飯と唱えて旧くより鎮台営所〔陸軍の兵営〕の残り飯を意味するものなるが、当家にて売捌くは即ちその士官学校より出づる物にてひと笊（飯量およそ十五貫目）五十銭にて引取り、これを一貫目およそ五、六銭位に鬻ぐ。尤もこれに属する残菜はその役得として無代価にて払い下ぐるものなるが、何がさて、学校の生徒始め教官諸人数、千有余人を賄う大庖厨の残物なれば、ある時は彼の鉄炮笊に三本より五、六本位出る事ありて、汁菜これに準じ沢庵漬の截片より食麵包の屑、ないし魚の骸、焦飯等みなそれぞれの器にまとめて荷造りすれば殆んどこれ一小隊の輜重ほどありて、朝夕三度の運搬は実に我々人夫の労とするところにてありき。

しかして、この残物を買う者如何と見渡せば、みなその界隈貧窟の人々にして、これを珍重する事、実に熊掌鳳髄もただならずというべく、我らが荷車を輾きて往来を通れば、彼らは実に乗輿を拝するが如く、老幼男女の貧人ら皆々手ごとに笊、面桶〔一人盛りの曲げ物の食器〕、重箱、飯櫃、小桶、あるいは丼、岡持などいえる手頃の器什を用意しつつ路の両側に待設けて、今退たり、今日は沢山にあるべし、早く往かばやなどと銘々に囁やきつつ荷車の後を尾て来るかと思えば、店前には黒山の如く待構えて、車の影を見ると等しくさざめき立ちて宛然福島中佐の歓迎とも言うべく颯と道を拓きて通すや否や、我れ先きにと笊、岡持を差し出し、二銭下さい、三銭おくれ、これに一貫目、玆へも五百目と肩越に面桶を出し腋下より銭を投ぐる様は何に譬えん、大根河岸、魚河岸の朝市に似て、その混雑なお一層奇態の光景を呈せり。そのお菜の如き漬物の如き、煮シメ、沢庵等はみな手攫みにて売り、汁は濁醪の如く桶より汲みて与え、飯は秤量に掛くるなれど、もし面倒なる時はおのおの目分量と手加減をもってす。

残飯屋にて貧民、飯を買う

饌の剰り、菜の残り元来払下の節においては普通一般施与的の物品なれども、一旦茲へ引取って売鬻げば、またこれ一廉の商品なり。あるいは虎の皮、土竈、アライ、株切などと残物の上に種々な異名を附けて賞翫するはなかなかに可笑し。株切とは漬物の異名にして菜漬、沢庵のごときまたは胡爪茄子の如き、蒂もしくは株の付たる頭尾の切片をいい、アライとは釜底の洗い流しにして飯のあざれたるを意味するものにして、土竈とは麵包の切片なり。これその中身を抉りたる食麵包の宛然竈の如き形なせるより、かくは異名したるものとぞ。さて虎の皮とは如何、これ怪人種等の調諧にして実に焦飯を異名したるものなり。巨大なる釜にて炊く飯は是非とも多少焦塩梅に焚かざれば上出来とならざるより、釜の底に祀られし飯が一面に附着して宛然虎豹の皮か何ぞのごとく斑に焦たるが故にかくは名付たるものならん。さて譬え虎の皮にせよ土竈にせよ、既に残飯とあれば、これ貧窟の貴き商品にして怪人種等の争うて購求するところなり。

世に桂を焚き珠を炊ぐとて富豪者の奢侈を意味する事なるが、実際これをなすものは富豪者にあらずしてかえって貧民、しかも極貧饑寒の境にあるものこそ真に珠を炊ぎ桂を焚くものなり。試に見よ、彼の貧民輩が常例として買う一銭二銭ずつの炭、薪、漬物のいかに高値なるよ、しかしてまた彼らの五合七合ずつなる米、割麦のいかに少量なるよ。十人二十人を賄う大庖厨の経済には平常、米、薪の徳用買という事あれば、実際珠桂の如き材料も会計上薪炭の値段となるなり。これに反して貧民の庖所においては毎日の材料一銭的の小買をもって便ずるにあれば、尋常の薪炭も計算上においては実に珠玉の価となるを免かれず。銭稀なる貧窟の人、いかでこの珠玉を炊いで生活し得べけんや。残飯残菜は実にこの一銭的庖厨の惨状を救う慈悲の神とも言うべく、彼ら五人の家族にて飯二貫目、残菜二銭、漬物一銭、総計十四、五銭位にて一日の食料十分なるなり。もし強て一銭的材料をもってこれを充さんとせば、彼らは日に三十銭を費さざるを得ず。これをもって残飯屋の繁昌は、常に最下層の生活談における、画図的光景の一に数えらるるにありき。

八　貧民と食物

越後屋または大丸屋の飯焚男が薪を焼くべく少しの注意を持つ事によって、いかに多くの薪物がそこに剰され得るか、小説として作られたる、越後伝吉、その人が、庖厨の散漫なる事において長くその家を禍いせしところの廓内の一の宏肆に飯焚男として勤労すべく新らしき契約を結びし或る日の後、彼が薪を焚く事の親切と漬物を截る事の器用と、および僅かなる砂糖、些かなる松魚節〔かつお節〕を節倹し、醤油の残物、味噌の沈澱、もしくは焦たる飯の一塊を仕末する事によって、いかに多くの費用を省き、しかして、それが三年を積て、いかに多くの資本を作りなせしかの一事は、我々をして常に珍らしき話説に入らしむべく特別の題目として、それが演劇もしくは講釈によって証拠立らる。

しかれども、これが決して特別の題目にはあらぬ。都府の下層に棲みて常に庖厨を神聖にすべく注意をもつ人は、越後伝吉その人よりも、より多く節倹になおより多く器用にあるべく、それが事実である。とは言え彼れが、節倹によって育われたる質朴の心をもって、直ちに奢侈の問屋を料理するべく走りし時において極端なる相互の習慣から闘争を生ずべく、それがいかに奇異なる観物にてありしよ。

事実は常に極端の結着によって珍らしくある。しかして予の境遇が平凡なる結着においてまたこの越後伝吉にてありし。予は予がいまだ残飯屋に入らざりし以前においては、焦飯および骸魚のいかに価のあるべきかを疑いしのみならず、漬物の残りは常にこれを棄べきものと思い居たりしが、特別なる人々の生活は、見るに従って食物の貴重すべきものなる事を覚らせ、彼らが飢によって余儀なき時は粉になりし麵包、枯たる葱の葉もなお立派なる商品として通用するを見たりき。

貧民の群がいかに残飯を喜びしよ、しかして、これを運搬する予がいかに彼らに歓迎されしよ。予は常にこの歓迎に酬ゆべく、あらゆる手段を旋らして庖厨を捜し、なるべく多くの残物を運びて彼らに分配せん事を務めたりき。しかれどもまた哀しかりき、ある朝そこに（士官学校の庖厨）運搬すべき残物の何にもがあらざりし時に。しかれどもまた嬉しかりき、ある夕そこに飯および菜をもって剰されたる新らしき残物が、三輌の荷車に余るべく積れし時に。しかして予は常もこれらの潤沢を表する時にこれを「豊年」と呼び、常もこれらの払底を表する時に予が「饑饉」と呼びて、食物について渇望したる彼らに向って前触をするにありき。ある朝、――それは三日間一磅の飯をも運ぶ事能わざりし事程左様に哀れなる飢饉の打続きしある朝――庖厨を捜して運ぶべく何物があらざりし時に予が大なる失望をもって立ちし、いかに貧民の歎きを見せしむるよ。しかれども予は空しく帰らざりし、予は些かの食物を争うべく賄方に向って歎願を始めし。「今日に限って貧民を飢せしめざる部屋頭閣下、冀くば彼の麵包の屑にても」。しかる時に彼が言いし、「もしも汝がさほどに乞うならば、そこに豕の食うべき餡殻と畠を肥すべく適当なる馬鈴薯の屑が後刻に来るべく塵芥屋を待ちつつある」と。予がそれを見し時に、それは薯類をもって製せられたる餡のやや腐敗して酸味を帯びたるものと、洗いたる釜底の飯とおよび窄りたる味噌汁の滓にてありき。たとえこれが人に向って食すべき物にあらぬとはいえ、数日間の飢に向っては、これが多少の饗応となるべく注意をもってそこにありし総てを運び去りし。

かくして、予が帰りし時に飢たる人々は非常なる歓娯をもって迎えし。「飢饉」と予が一言前触れをなせし時に彼らの顔色がみな失望に包まれし。「オオいかに、夥しき食物がそこにあるよ」と荷車を見て一人が叫びし時に店の主が探奇の眼を注ぎし。「飯ならば早く分配せよ、我々はただ菜のみにてもよし」と催促が始まりし時に、荷は解かれし、しかしてそこに陳べられし。人々は彼らが三日の飢饉からそこにいかなる豊年の美食が湧きしかを疑うべく伺きし。腐れたる餡を名称べく予がそれを「キントン」と呼びし時に、店の主人がいかに高価なる珍菜であるかを聞糺せし、そうしてそれが一碗五厘に売られし。味噌の糟がなお多く需用者をもちし。饐たる飯が売るべく足らざりし。

ああ、いかにこれが話説すべく奇態の事実でありしよ。予は予が心において残飯を売る事のそれが慥かに人命救助の一つであるべく、予をして小さき慈善家と思わせし。しかるに、これが時としては腐れたる飯、饐れたる味噌、即ち豕の食物および畠の食物をもって銭を取るべく不応為を犯すの余儀なき場合に陥入らしめたり。もしも汝らが世界に向って大なる眼を開くならば、彼の貧民救助を唱えて音楽を鳴らすところの人、または慈恵を名目として幟を樹つるところの尊き人々らの、常に道徳を語りまた慈善をなす事のそれが必らずしも道徳、慈善であらぬかを見るであろう。

九　貧民倶楽部

文学者と交われば文学者を聞き、政事家と交われば政事家を聞くと同じく、貧民と交わればまた聞くものは貧民なり。人はおのおのみな共にその社会においての秘密を語り合うものなり、語り合わずんば饜かざるものなり。世に何々文学倶楽部、何々政党倶楽部、または何某集会所、何某会合所たる場所にその社会の人々の名誉談、失敗談は勿論、そのほか奇話珍説一切の秘密即ち新聞雑報的瑣事が漏洩し来って輻湊するが如く、貧民の集会所においてもまた同じく貧民に関する一切の秘事は日ごとに潮流の如く流れ来って、彼らの社会における新聞紙の第三面を塡めなすものなり。予が居るところの残飯屋はあたかも彼の人たちの社交倶楽部とも言うべきものにして下男の境界にありし予は即ちここの書記役なりしなり。

いかに貧民倶楽部が、社員の数多をもって賑わいしよ。彼らの銘々は一個の面桶、一個の笊、あるいは小桶、あるいは味噌漉を手に手に携えて、倶楽部の庭に蹲み、あるいは腰掛け、あるいは立ながら若干の時間を待ち受くる間において、おのおのその平常の実験談を材料として例の談話会を催すにありき。

いかに彼らが談話の材料に富み居るよ、試に予をしてその二、三種を編纂せしめよ。

運動会の余慶――かつて青山の練兵場において某法律学校の春季大運動会の催うされし時、行厨方より弁当として生徒一人に一個ずつの箱をあてがいたりしが、衆くの学生中にはこれを食うもの少く、千二百人前の弁当配り合せてやがて三、四百も遺したりければ、その幹事なる人心得て、早速その最寄に見物居たりし一人の貧児を招き、さて今日の恩恵として汝らにこの土産を遣わさんとす、いかに衆くの夥伴を集え来らずやと言いければ、貧児大に走って檄を伝え、原に学校のお葬礼あり皆の衆往ずやと触れたるほどに忽ち集る者百余人、施与に福のありし、かってこの日の如きはあらざりし。這うようなる小児の手にも一つずつの所得ありて家内五人一日の食膳を儲け、近年珍らしき施餓鬼なりしとて、そのたまか〔つましいこと〕なる御馳走を喜び合いしが、他の貧窟の人々またこれを聞伝えて後れ馳せに駈け付けしに、練兵所の中央に山の如く弁当殻の積重なりしを見出して、そのうちより飯の残れるを拾い出して持ち還りしが、これまた一廉の所得なりし。最後に五、六人の乞食どこからともなくこの事を嗅ぎ付けて来り、残物を穿ちて傍らより食い尽し終には蟻の所得をも残さざりしと。ああ些々たる学校の運動会にしてこの如く、もしあれが戦争にてもありたらんば、いかにこの人々の沾いし事ならんと語り合いけり。

施与米――某の頭取より府下の貧民一同へ玄米五十石施与致すべければ、貧窮人ども誘い合せて高輪泉岳寺へ集るべし、但し一人に付米五合ずつの事、年月日行司と諸方の辻に標榜したり。いかに玄米五合の施し、早速往きてこの恩賜をもらわずや。五合といえば少なけれど家内三人一日の食として時の急なるを救うに足るべしと遥(はる)かなる泉岳寺を足の数ともせずして往けば、何ぞ図(はか)らん今日(このひ)は切符の摂待(せったい)にして現米の受け渡しは明日の事ならんとは。ああ何ぞ施主たる者の「貧民」を知らざるの甚(はなは)だしきや。貧民は決して明日の我慢あるものにあらず、もし貧民にして明日の我慢あるほどの余裕あらば、何ぞ始めより貧民をもって甘んぜんや。貧民は実に今日今夜の忍耐も出きぬほどにセワシナクかつクルシキものなり。貧民救助として単に物を与うるの主意は実にこのクルシク、急遽場合(せわしなき)を救い取るをもって肝要なりとするにあれば、その取扱(とりあつかい)は極めて直接にして、与うるものはなるべく即当(そくとう)の物ならざるべからず。即ち衣類よりは食物、米よりは飯にして、施主の手が貧民の手に触るるほどに直接せざるべからず。されば、その貰(もら)う者においてもその即当なるを喜んではるかなる道を遠しとせず、二里三里を厭(いと)わず走ってそこに赴(おもむ)き、もってその日の危急を塞(ふさ)ぐにあり。しかるに、これを為換(かわせ)にして明日を待たすが如きは、轍魚(てつぎょ)のクルシミ〔轍の水たまりの魚の苦しみ。困窮のたとえ〕を知らざるものにして折角の救米(きゅうまい)を無益にしたるものなり。切符手形は物品の為換券にして既に世間余裕者の利用するところ。しかるに、これを今日の御救米(おすくいまい)に使用す、知らず施主は貧民をもって余裕あるものと見たりしや、と語るものありしが、実(げ)に尤(もっとも)の事と聞えし。

昔は御救米と称して広庭に俵を積出し、難渋人の乞うに任せて、いやしくも嚢の口を空しゅうして来る者には誰彼の差別なく施し与えたるものなれども、かくては貧民の狡猾なるしばしば姿を変じて空嚢の取次なすものあるを期せず、利するものは過分に利し、一升一人の主意万遍なく行度らざらん事を危ぶみて、かくは規則を立たるものならんか。

いやしくも施主として万民の上に立たんと欲せば須らくその心眼を寛闊にして可なり。たとえその中に狡猾なる者あって人の三人前もしくは五人前を貪り取る者あらんとも、これは決して驚くに足らず。いやしくも貧民として彼が生存せん限りは、到底彼れ一人の身をもって数人前の分配を占領するの鄙吝あるを容されず、必らずやその日随一の働らき者として周囲の称讃を博すると共にその貪り獲たる物品は、直ちに両隣合壁へ向って散じ、万遍なくその土地の霑沢となるを見るは、殆んど類似たる共産主義のこの社会に行われ居るが故なり。これを思わずして眼前に窮屈なる法を設く、知らず施主なる者は貧民の炊煙的組織をいかに見たるや、云々。

これらの例は毎日の新聞雑報種として余が倶楽部の談話を筆記せしものに過ぎず、しかして茲に予が一段奇異の事実として感じたるは、往年予が○○義塾の末席にありて修業中、当時お坊様育ちの間に賄退治といえる事流行せしが、一度びその徒党に加わりて非常なる乱暴を働き、広き食堂においてあたかも一揆の起りし如く、飯櫃、皿、膳、茶碗の差別なく、手当り次第に抛擲せしその狼藉は後なお記憶して忘るる事能わざりしが、これが図らずも貧民社会の霑となりし事、数年の歳月を経て、今この貧民倶楽部においてこれを聞かんとは、思い寄らぬ事にてありき。しかしてまた彼らの中なる齢老たる者の記憶には精密なる残飯の歴史ありて、これが時々貧民叢話の旁証として毎に引用さるるを見る、曰く二十年前東京の開き始め、即ち鎮台屋敷なるものの置かれし当時においては、さすがに江戸的の貧民は、兵隊飯など喰うものにあらずとて賄方は常にその始末に困じ、時としてはわざわざ舟を漕ぎて品川の海へ抛擲したる事さえありしに、今はそれさえ銭もて購う事容易ならざるに至りしは、全く世の必迫せし証拠ならん。あるいは狡猾なる商人輩庖厨へ出入して残物の糴買をなし、または鄙吝なる賄方の彼らと通じて利を図るあり、貧者をしてますます価の高き食物を喰わしむるに至りぬ。けだし商人のなき場合においては、あたら貨物を海中へ投ずるの不始末ある易りには常に貧民が価のなき食物を喰い得べくも、既に商人なるもの、その間に入って有無を通ずるに至れば、あたら天物は世に暴殄されざるも、この貧民は常に飢ざるを得ず。ああ恐るべき哉経済の原理、翅なくして飛び、足なくして探り、ついにこの暗黒界にむぐり込み、この残飯たる乞食めしの間を周旋するに

貧民を集めて穀を施与す

至らんとは。要するに貧民倶楽部の雑報種、もし世にダントン、マラア〔いずれもフランス革命の指導者〕の如き人あって、他日貧民新聞を発行するの計画ありとせんか、予は差向きその編輯長として、これが材料を蒐集せん、好笑。

かくて予は残飯屋に駐まる事数日、半身は貧民倶楽部の書記となって彼ら生活の実際報告を編纂し、また一半身は飯焚男の越後伝吉となって焦たる飯、枯たる沢庵を塩梅して彼らの真逆に向って供給する事を努めたりしが、さて太平の世の中には殆んど無用なる予が身もここに至ってすこぶる有用の人となり、一日も欠くべからざる家の宰領として遇されたり。しかれども本来これ、一個の世界探検船なり。同じ港口に長く碇泊するは広き世界を看察するの道にあらずと程なく茲に碇を引揚げ、一週間の給料二十五銭と恵まれたる下駄一足を航海入費として是を出帆なし、また例の労働者の宿所なる弥兵衛氏の宅を埠頭として茲に暫らく発程すべき航路の羅針盤を考校したり。

世界中の出稼人が湊まる桑港の水門とも言うべきこの労働人的宿泊所においては、あたかも彼らの希望にカリホルニヤの銀坑のあるが如く、いずれも越中、越後、加賀、越前等多くは北陸道地方より出たる崛強の働らき人にして、あるいは永田町の官邸へ廐丁に住込まんと冀望する人、あるいは妓楼、割烹店、呉服店、酒問屋等の大家へ飯焚として働らかんと望む人、あるいは湯屋の水汲み、蕎麦屋の出前持、または米搗き、酒造男、職業の如何を問わず給料の高きを望む人々の新らしき希望をもっていかに東京が他県に比して銭儲のあるかを語らせば、また一方においてはあたかもパナマの堀割事業が中途にして廃業せしかの如く、出稼三年、必死となって働ぎ溜めたる金はいずれかの堀割へ投じて無一銭となりし人々の後悔、あるいは東京も予想せしほどの金儲はなき処なればと、これより北海道へ向けて出立せんと欲する人、札幌の大火によって動産を喪い、流れ流れてまたこの大都会へ糊口を尋ね来りし人、あるいは真に越後伝吉の衣鉢を襲て呉服屋へ三年、酒屋へ七年、江戸的の奉公風をもって給金を溜み込み、毎年三十両ずつ国元へ運送する辛棒人の一類。彼らは殆んど眼に一丁字なく、また心に一の詐計なき純樸の輩にて、故郷へ通信せんとする時は二銭あるいは二銭五厘の書き賃を払って文言を依頼し、木綿の四幅風呂敷に柳行李を包み、その内に衣類足袋等を収めて要鎮を堅固にし、一枚の柱暦、あるいは荒神暦とか称して「彼岸」「八十八夜」「土用」「盆」「二百十日」等の厄日が象形文字をもって描き出されたる挿秧的アルマナック〔農事暦〕とも言うべき一種の暦書、あるいは氏神鎮守の「守札」、または善光寺如来の「御符」の如きものを懐中して、五年ないし七年間稼ぎ出したる金の幾何の高に登り、またはその金をもって幾段歩の田園の購われ得べきかを目的として労働するの人々なりしが、十に八、九は大抵その目的を遂ぐるものにてありき。

戦争においては焚出し方となり、軍旅においては運送方となり、田舎にあっては耕作の人たり、都会にあっては庖厨の人たり、いかなる場合においても常に人生生活の下段を働らくところの彼らの覚悟のいかに健全にして、その平常のいかに安怡なるよ。彼らは身を働らかすのほかに向って希望を擁かず、労銀を求むるほかについて大きを貪らず、蒼々たる故郷の山嶽、穣々たる田間の沃野を最後の楽園として懐うのほかには何物をも見ざる彼らの生涯には、一の小説もなく一の伝奇もなしといえども、彼らの朝夕には磨滅せざる一のバイブルなるものありて存す。いかに彼らの血液の清潔なるよ、ああ予をして、もしもこの不治の癈疾（学問したる一の癈疾）あらざらしめば、直ちに進んで彼らの群に入るべかりしものを。しかし、そはとにかく予は当年百の政事家あって社会の上層を働らかんよりは、むしろこの種の人物の一人世の下層にあって静かに仕事せん事を喜びたりき。

滞在数日、この間、予は彼らの書翰を認むる代書人となり、また信書を読み聞かす翻訳人となりて過分の尊敬を博し、傍ら彼らの行跡を看察して大に得るところありしが、さてこれより何の方角に向いて出帆せんか、面白き事実を探究せんと欲せば常に多人数、人種の会る方面に向けて梶を取らざるべからず。世界周遊を目的として東洋の事情を見んと欲せば必らずまず香港、上海、神戸、横浜ならざるべからず。ニューゼランドの名もなき港、カムシャツカの寂しき岸頭へ船を着けたりとて、いかで混合せる人々の面貌を描き得らるべき。遊廓、市場、これ最後の問題か、安泊、土方部屋、これ恰好の場面にあらずや、芸人仲間、職工組合、また久しく不問に置くべからずと独り自から計較するうち、桂庵〔口入れ屋〕の神は意外なる辺より手を下して当分余が身を購受けんと申し来れり。予は驚いて、そのいかなるところなるかを問合せば、近所にて八百屋を業とせる店に一人の買出し方、近日逃亡して甚だ不自由を感ずる折から、その跡釜として早速雇入たしとの事実にてありき。

十　新網町

東海道よりすれば旧江戸の入口にして芝浦の海浜に近く、四谷、下谷の両貧窟と相対して正三角最後の起点となる処に一区域あり。また窮民の棲居にして廃屋の集まるもの五百余、陋穢不浄の甚だしきに至っては、けだし都下六貧窟中その第一に位するもの、たまたまその貧状を目撃してその形容を作るの人は、彼ら自から彼らを認識して、茲に日本一貧乏者の麕園なりと。

家は客車的の長屋なれども順序よく排列して比較的に清潔なるは鮫ケ橋なり。町は頽廃して溷雑を極むれども戸々寧静にして比例的襤褸を顕わさざるは万年町なり。しかれども彼らの自認をもってその日本一の塵芥場と許したるこの地の境界は、あらゆる不潔をもってあらゆる溷雑を料理し、淤水縦横して腐鼠日光に曝露され、圊厠放任朽屐塚をなし〔大小便は仕放題、朽ちた履き物が山積みの状態〕、饐飯敗魚の汚穢を極めたる物散点して路傍に祀らるるの有様より破蓆簷担を覗き〔破れた蓆から軒先の中が見える」、落壁人顔を描くの状、その人間生活最後の墜落を示したるの様は、さながら炮撃されたる野外の営所を見るが如し。

家の広きも五畳敷なるは稀にして、大概は三畳に土間二尺、狭まきに至っては薄縁二枚の敷合せのみ、甚だしきは二坪の座敷を蓆の屏風にて中を仕切り、そこに夫婦、兄弟、老媼と小児を寄せて六、七人軀を擁えて雨露を凌ぐの状況、しかしてその畳なきは荒根板に薦敷きて僅かに身を置き、蓆というも古鳶のごとく煤ぼり敝れて糸目を断らし隅々藁のばらけたるもの多し。家財として見るべきものは、屋内さがして古葛籠一個の身代、縄と襷を繋ぎ合せて仏壇釣るすまでの造作なり。膳椀あれども悉く縁欠け、鍋釜あれども多くは尋常の什にあらず、茲に万般の事欠として土瓶に汁を煎るを見しが、欠摺鉢に輪のかかりて灰の盛られしを見て始めてその火鉢なるを暁りぬ。

獣類を屠したる余の臓腑を買い来って按排し、舌、膀胱、腸、肝臓等の敗物を串貫して煮込にし路傍に鍋を鼎出してこれを售る。一群の小童はその周囲を擁して塩梅を賞翫し、「ホク」、「フハ」または「シタ」等の名称を諳記してもって鼎中の美味を摸る。これこの貧街一種の割烹店なり。価二厘、八歳ばかりなる小女の背に負われたる児にして、その齢を見ればようやく産後十ケ月、いまだ眼に色なく、声に言なく、口に歯なき穉孩がまたこの貫串を口にして、あたかも乳房の如く甘き舐りを求めんと泣きつつありき。ある一群の小児らは猫屍を葬埋せんとして厠側を穿ちて騒ぎ、ある一群の小児らは下水の渟潴を排泄せんと欲して満身ドブ鼠の如し。その不潔その醜戯は、けだしもって彼らの父兄が日夕従事するところの業体を模倣したるものにして、その雛形を学ぶの所為は偶々もって彼らが教育の地位を知るに足る。

　この貧窟もと北と南に別る、南河岸は商家にちかくして貧状も軽く、野菜売る店あり、雑菓子屋あり、文久店、伊佐葉店、炭薪、煮売、漬物、雑魚、蛤蜊、乾びたる塩魚、ないし足袋、股引、襦袢、襤褸切を繕いて売る店、貸夜具、残飯屋、屑的古道具屋、卜筮灸点家ならびに書簡認め所、かつ稀れには一箇の唐臼を据えて足搗する米屋、白米一合が価の量り売、一銭的御客の需めに応ずる万般の日用品売店、それ相応なる店がまえありて陋巷ながらも町家の姿をなせど、北は皆目無職業一帯の棲居にて半ば乞食の境界。板壁の壊れかかりし破れ目に襤褸片新聞紙を貼りて、辛うじて人目を除けるのみなり。

　この貧窟にあって渡世する諸職人についてその重なる者を挙ぐれば、第一に人力車夫その半を占め、日雇取、土方職工、紙屑買を始めとして、蛤蜊売、足駄直し、羅宇屋、鋳物師、襤褸師、灰買、桶屋、そのほかあらゆる縁日小細工人の類、これらはこの社会にあって営業柄上等の部にして雨天に降り籠められぬ限りは、日に幾銭かの稼ぎをなして、ともかく今日を暮すにさまで事欠を来さずといえども、これより下って彼のむしろ商人の儔に至っては、日に儲くる高甚だ些かにして口を糊するに年中の苦艱を免れざるなり。

生業として陸に動くものは、交わるところの自然によって商人の気風を摸せど、海に働らく者は、日夕鱗屑の色に馴染て風俗自から漁師に似る。手網持替えて川尻に鰕を撈ぐる者あり、盥を浮めて浅瀬に蛤蜊を拾う者あり、ハゼ釣を稼業とし餌菜取を稼業とする者は一竿の棹、一器の壺をもって沙弥〔小僧、子供〕より集む。やや智恵あり、やや資力あり、やや剽軽なるもの、やや文字を解するものは皆おのれおのれの働らきに憑って口を糊す。利の砕かきもの酸漿屋、彼れ文久銭より集む、元の塵さきもの納豆売、山々五、六銭の買出しなり。しかして一家五、六人の口を過し行く者あり、按摩、鍼治者、加持山伏、八卦見、なお巫女、星見家の徒にして霊験奇跡の魔力を喪いし者、一朝この窟に来ってその余命を維ぐ者衆し。

観世物師の木戸番も玆より出で賭博所の張番も出づ。身の軽き事飛鳥の如く、智恵の慧こき事猿郎の如き十二、三、四の狡童にして、神社仏閣の祭礼、衣香帽影の群集する裏面へ隠れて、人の袖下を掙ぐの一類、掏摸、万引、昼鳶と称する即席の拐帯者にして既に探偵の眼中に含まれたる者、この窟のみにて三、四十名に登るという。

十一　飢寒窟の日計

衣食住の三のものにて貧民の重担に艱むものは家賃なり。新網、鮫ケ橋の如きは勿論他の貧天地においても、その日稼ぎの細民に向って建られたる家並は、概して日掛の集銭なり。けだし月極として纏まりたる金員を請求するも、この種の活計者にして到底協う事にあらず。故にこれを日計の内より算出せしめて毎日あるいは隔日の足労に委ぬ。家賃の階級、上等なるものは日掛四銭、四畳半に二畳の小座敷あって造作かなりのもの、貧人中比較的資力あるの棲居にして飢寒窟中稀に見るの家なり。彼の客車的長屋にして横なりに畳三枚を敷くの造作、露天に木馬を置いて膳椀を洗う、彼の天幕的小屋においては総体日掛二銭より三銭位にして一列十家混同の厠をもって屋後の用を便ずるもの、下って月五十銭より四十銭のものあり。大破放任野獣の居とその結構を比するに遠からざるものなり。しかして、日掛三銭以上の場所においては、譬え天幕的小屋なりといえども細民の日計より見れば甚だしき重荷なるをもって、多分は甲乙同居して、その負担を軽くするの計をなす。故に襤褸師は多く屑屋と同居し、縁日小細工人は呼売商人と日雇稼は車夫土方の類と、その他辻芸人は辻芸人と盲人は盲人と同業相呼び相集まってもって一個の竈を立つるにあり。

一ケ月十円の収益をなす者は五円をもって庖厨一切の雑費に供し、余の五円をもって家屋、衣裳、寝具、什器、履物、その他日用諸雑品の費用に充てて渇々に生活をなす。これその日計なり。かかる人々においては元より遊楽の余裕なく、交際の義捐なく、いわんや修飾の冗費、いわんや貯蓄の余算、しかれども困苦の生計をなす者といえども決して衣食住の三をもって満足あるべきにあらず、時としては遊楽の義務あり、附合あり、不時の災厄、祝、弔それぞれの義捐は余儀なく平常の日計中より算出せざるべからざるをもって、家計常に欠陥するを免かれざる、これ一般の習なり。貧窟に住する者の日計はこれより下る事数等ないし数十等の下級に彷徨するをもって、一日の稼ぎ高をもって衣食住の三方に振分くる事能わざるのみか、僅かに一升の米を買い、一種の漬物を買うの費用に一日の労銀を空くし、家賃は妻女の内職をもって補い、薪炭は明日に延ばし、塩噌は明後日に延ばしてもってようやくその日を送るが如きにあっては、必用なる衣類の調達は不時の儲けを待つか、さもなくば日済の金を借りて一時の凌ぎをなすのほかに大なる策なし。

車夫の営業は飢寒窟中にあってやや活溌のものたり。一日の労銀三十銭は貧天地の日計に比較して甚だ優かなるものなれども、損料、草鞋、蠟燭その他営業用諸入費に空了するもの日に十銭以上に登るをもって実貨の計算上に余裕を見ざる事、彼の土方日雇人の類に等し。壮丁男子の力役として一日に獲るところ二十二、三銭に過ぎず、もって日計の王たる米を買い薪を買い、醤油一銭、味噌一銭、灯油一銭、雑魚一銭、なお漬物、煙草、茶、炭、家賃、損料等一銭的の雑兵は、主人の帰宅を待受けて八方より飢渇の声を揚げて迫る。いまだ財布の口を開かざるに労銀の過半は、蝶、蜂、螽斯の如く翅を生じて飛び去る。

車夫的労働者に比してやや耐久の計をなすものは夜商人なり。彼ら「スイトン」を煮、稲荷鮨を作り、一碗五厘的の「マカロニー」を茹出すに、饂飩粉三升、米二タ釜の仕込にして一日の資料二十銭を超えず、彼らの利潤するところは売上にあらずして多くは残物なり。商品の残りを糊口に宛てて売代を明日の元へ廻し、もって僅かに商法の利得を見る。されどもこはただ夜業のみ、昼間半日はまた他の仕事を務めて日計を弁く。この類の細民にして能く労する者は早朝蛤蜊を売り、昼間座業を励み、夜に入ってまた露店を担ぐ。一人にして二足ないし三足の草鞋を穿き替えて稼業する、これ貧天地商法家の習いなり。もしそれ雨天連続して営業頽廃に及ぶか、さもなくばその人飲酒弄銭して質屋、日済貸、損料屋等と交渉を闢くに至っては、重税荷担二六時中営々としてなお足らざるに至る。彼ら常に言う、貧人の境界は実に石上の住居なりと。宜なり、石は鋼鉄に燧れて火を出すのほかには鋤て穀を作る事能わず、穿って水を湧す事能わず、この故に彼らはただ人々相軋るの際に発する火によって生を営むに過ぎざるなり。なおその火輪的生活については後段「融通」の部において説くところあるべし。

十二　融通

質屋、日済貸、無尽講、損料屋等は例によって下層社会へ一時の融通を幇くるものなり。細民がこれら融通法によって稟る利益および損失、その事実に至っては随分錯雑したるものにして、一廉の研究を価すべきところなれども今俄かにその差別をなすの暇なし。彼の新網、鮫ケ橋、万年町、三河町等最下層の地面に向って樹られたる質店が、四面廃頽、目も当られざるアバラス堂〔荒簾戸。あばら家〕の一方に巍然として門戸を構え、塗籠の蔵、煉瓦の塀、鋼鉄の忍返しその要鎮の堅固なると共に実着なる富の分量を示すものまた決して偶然のものにあらず。高利貸然り、損料屋然り、無尽講の発起者また然り。彼ら金主の成功したる因縁に付ては種々あるべしといえども、畢竟するところ、ただ細民の膏血を丹精したるものに過ぎざるなり。請う少しくその丹精の模様について言わしめよ、予は当分質屋、損料屋の丁稚として諸君に語るところあるべし。

貧乏町の小質屋と掛けては何と解かん、諸君試に一日予が家へ来って商法の有様を見給え。実に世の中はかくも物騒千万なるものなるかを観じ玉うべし。その顧客として朝夕出入する人々は大抵土方日雇人、車夫、屑屋、暖簾師、古手買、棒手振、職工等にして、その典物〔質草〕の材料は印半天、股引、襦袢、夜具、蚊帳の類が通例なれども、少しく旱魃凶荒の場合に至れば直ちに飯櫃を持参す。鍋、釜、鉄瓶、傘、火鉢等に及び、あるいは襤褸切、屑絮、手桶、盤台、車の輪、履物。譬え下駄、笠の如き物といえども、いやしくも見てもって十銭以上の価ありと思わるる品ならば、取ってもって相当の銭を貸す。しかれども質種は衣類をもって通例となし、夜具、傘、以上古道具品より銅鉄類に及んで、取扱に不便なる品は倍利もしくは三倍利に廻す。利息の割合は規則によって一円に二銭五厘を制限す。されど貧街の小質屋へ向って大枚一円の質を投ぐるものは至って稀有の事なり、通例は五十銭以下二十銭十銭の口頻繁なり。これをもって五十銭には一銭八厘を取り、二十銭には一銭を取り、十銭なお八厘を取る。即ち十銭の口、十人取扱えば一円を貸出して一ケ月に八銭の利を収むるものなり。しかれども、これはただ質屋の太平時代を観念して計算したるものに過ぎず。細民の金銭に必迫なる決して十銭の質種をもって一ケ月間安閑として置くものにあらず、大概は一週間を延さずあるいは二日三日、甚だしきは朝夕に入替をなす。即ち晩に秤量を典じて飯櫃を請出し、朝に襦袢をもって股引の入替をなすが如く、その頻繁なるに至っては筆もって名状すべからず。その都度手数料として八厘ないし一銭ずつの日合を払う、これを捨利という。貧街の質店十中八、九皆かくの如き客をもって賑う、これを御直参という。けだし規約外の取引を許したるものにして通帳持参するを要せず、また時としては無抵当、譬えば煙管一本または手拭一筋を記念として置けば、一日ないし二日間該当品の代りとして融通を許さる。この場合にあっては質屋もまた一種の日済貸にして、敢て典物を庫裏へ運ぶの手数を煩わさず、また一々台帳へ記入するの面倒を見ず、座辺に預り置てもって朝夕の需めに応ず。あたかも貧人の輸出入（稼ぎ高）を吟味する一種の税関吏とも言うべし。御直参の名誉あるものその実は質屋の奉公にして、一日所得の一割ないし二割は捨利のために貢租をなすの勘定なり。一見甚だ愚の所為なるが如しといえども、これ細民一般の習慣にして、むしろ先天の約束によって稟け来りたる一種の痼疾とも言うべく、その境界にあってはまたこれ止むを得ざるの情実の存ずるものあるべし。

質屋に次で忙がしきは日済貸なり。一円貸して日に三銭ずつ取立、四十日にして済しくずすあり、これを外日済という。また八十銭貸して日に二銭ずつ五十日に済すあり、これを内日済という。共に月二割の利息とす。この内手数料として五銭と印紙料一銭を引き去れば正味七十五、六銭に過ぎず。もし期限内に皆済せざれば債主はこれを幸機会として喜び、残額に少ばかりを補足してまたこれを元金に書き直す、畢竟利をもって利を殖すの工風なり。かくの如くして借主は一生奉公す。債主得意を獲ればなかなか捨てず、あくまでこれに丹精を施して一生使役す。顧客は耕作人の如し。計算すれば一円の資をもって年中に三百六十銭にするの勘定なれども、日済は決して息算をもって言うべからず。一円の元は貸出したる当日より取立るものなれば、債主の懐中既に三割以上の成算あり。その丹精の仕様によってこれが直ちにまた明日の元金となる。即ち右から取って左へ貸出し、向より集めて隣へ廻し、元を涵して利を殖し、利から湊めて元を組立、虀々し団々し〔細かく刻んでまとめ〕、朝散、暮聚、かくの如くして一年中の精算を見れば、些々たる一円の元資立廻って七、八円に陞る。錙利砕算〔わずかな利益の計算〕いわゆる鼠勘定にして虀々たる金粉の交接をもって驚くべき殖利を致す。取るもの敢て詐偽するにあらず、ただ一丹精をなすにあり、取らるるものまた決して愚なるにあらず、ただ算に暗らきのみ。必竟日々に消え行く日済なるをもって負債主たるもの格別の要鎮なしといえども、債主の巧計はけだし茲にあるなり。譬えば魔酔剤をもって肉を斬るが如し。斬らるるもの甚だしき苦痛を感ぜざる如しといえども、睡眠中に奪い取らるる宝血は結局その身を耗さざるを得ず。

高利貸と細民の間には種々の事情あってなかなか証文ひと通りの貸借におわらず、その融通法についても千種万様にして、彼の相対証文の如き臨機の場合においての取引、あるいは書き入と称して芝居興行主が金を借るが如く、ある無形物を抵当にして一時の融通をなす事あり。譬えば借主車夫の如き者なれば、年末歳暮の切迫したる時日において債主と談判するに、正月の三日間を抵当として借金する事を得る。即ち大都会の盛観たる年首年頭を書入にして節季の融通を請う者なり。あたかも興行主が見物人の木戸銭を書入にして金談をなすが如く、天晴三日の上り高は悉皆債主の所有にして、正味五、六十銭の金を僅か三日間一円にして返済するも元より双方の約束なれば、これに苦情のあるべきはずなし。勿論またこの場合においては、一年一度の関所なれば是をもって是非とも妻子の晴衣を受出し、是非とも一枚のノシ餅を買わざるべからず。富士の山の絶頂へ登って一膳の飯が二銭に価し、一個の卵子が五銭に売れるもその値を聞いて空腹を我慢すべきにあらざれば、譬え六十銭の金が一円に向い、十銭の餅が十八銭に向うも今更躊躇すべきにあらず、恩日書入〔返済猶予の契約〕の金談大概かくの如し。高利家の最も利を見るの時にしてまた最も危険あるの時なり。総ていかなる融通に属する場合といえども、既に日済貸の手より受取るものとあれば、一円の金は到底七十五銭より以上に通用する事能わざるものなり。世間で一斗五合の米を喰う時も、這般の融通に依頼して生活する人々は、常に七升三合の米を喰うの覚悟なかるべからず。かくてこの上、例の税関的質屋に依頼し、また彼の地頭的損料屋に依頼して生計する人々においては、一円の稼ぎ高も身に着くところは正味五、六十銭にして、喰うところの白米は昇って六升の高価に至る。明治年間一円に付て六升の米を喰うものは恐らく他にあるべからず。桂を焚き玉を炊ぐの贅沢は天下富豪の膳部を形容するの詞にあらずして、かえって細民の庖厨を厳じむるの辞なりとありしが、果せる哉、高利貸に依頼して衣食する人々は、日本一の高米を食う者と知るべし。

日済に続いて危急なるは損料屋なり。貸し衣裳、貸布団、貸車。貸布団は一枚八厘より二銭まであり、尤も絹布上下三枚襲ねて一夜三十銭より五、六十銭に登る損料物もあれども、これらはもっぱら贅沢社会の需用にして寒を凌ぐために供給する貧街の談にあらざれば、茲にこれを語るを要せず。貸衣裳また同じく一枚三銭より五、六銭位までのもの、多くは下等芸人一日の晴衣に向って用立つ。中には股引法衣、また布子〔木綿の綿入れ〕を貸す内あり。これ車夫的労働者の必要に向って供えたるもの、大抵は貸車営業者においてこれを兼業す。なかんずく貧街において繁昌するは貸布団にして、冬の十二月より翌年三月まで厳冬四ケ月間の戦争、いわゆる飢寒窟の勁敵に向って供給するものなれば、その時節に至れば貧街の営業中何ものかよくこの商法の劇しきに及ぶものあらん。細民の生計として夏より秋に移る際ただ一枚の着物すらも着替ゆる事能わざるほどなるもの、まして夜具布団の穿鑿、到底出来る事にあらず。凌げるだけは日光の縕袍に依頼して凌ぐも、十二月の月に入っては日光最早頼むべからず。ここに至って一枚の布団用意せんと欲するも俄かに作る事能わざるをもって余儀なく損料に依頼せざるを得ず。けだし細民の覚悟の英邁なる、彼ら決して始めより敢て損料に依頼するが如き本意にあらず。一年中借布団のために払うたる損料を計算してその高に驚くものは皆振って決心をなし、来年は是非とも一組の夜具を新調して自分の安眠を覚悟せざるものなし。しかれども如何せん事実その場合に至ってはさすがにこれを実行するの資力なきものと見え、憐れ今年も、また今年も旧によって、なおまた損料屋の手数を煩わすに至るもの比々みなこれなり。これ実に余儀なき貧民の情態、英邁なる覚悟の貧人間に存在するにかかわらず、損料の繁昌するはこれまた自然の理数なるか。

是をもって貸夜具の繁昌、芝新網町の如きは三百四、五十戸の貧窟中において損料布団を営業する内七軒、その商法を活潑にするものは大概四、五十枚より百枚位の商品を供えて取替え引替に貸出す。これが十二月を超えて一月中旬の頃に至れば、物品俄かに欠乏を告げて顧客の請求を謝絶するに至る。殊にその物品たるや、煎餅の如き薄縁のものにあらざれば雑巾の如くに側を綴ぎ集めたるもの、これを借用して一夜一銭ずつの損料を払うものは、いずれも皆よくよくの貧家にして、見るさい憐れなる母子三人裸体を抱き合いて身を縮め、慄いかつ戦きて辛うじて危寒を禦ぐ。この場合においても料銭の延滞するに至れば直ちに寝所へ踏込んで剝ぎ取らざるを得ず。実に涙あっては出来ぬ商法、無慈非道と見らるるも余儀なし。

普通の場合において質屋は細民の飢に向って金銭を貸与し、損料屋はこれが寒に向って物品を貸出すにあれども、時としては損料布団もまたこれ一種の融通品にして、少しく無頓着なる者は臆面なくこれを融通に使用す。即ち一夜二銭の布団ならば質屋は喜んで三十銭以上を貸すべし。後日の難儀はともかく、一時危急の凌ぎとしてこれまた倔強の計策なり。しかれども、かくの如き罪を犯せば罰金は覿面にして、着ざる布団の損料毎日二銭ずつ払わざるを得ず。この困難を救わんとしてまた第二回の計略を廻らさざるを得ず。計略は即ち犯罪なり。犯罪にはまた罰金附加す。この罰金を償わんがために更にまた第三回の計略を廻さざるべからざるの余儀なきに至る。第三の所為は第四の所為を喚起し、第四の所為はまた第五の所為を呼び起す。かくて漸々罪過に罪過を重ねてついに重罪に陥入る。憐むべし僅か三十銭の融通のためにこの人は大枚五円何某の大借財家となり、損料布団一枚質置したるために三方四方七、八軒の財産を濫用したる大罪人と名指さるるに至る。行路険怪計策図の如くならず、最後の大破裂に至ってその人の所業を見れば実に言語道断沙汰の限りにして、千万不埒の極度なれども、その原因を尋ぬれば針小些々たる事件に過ぎず、貧窟相談の材料は常に大概この辺に彷徨す。

危急なる場合の融通として質屋と貧民の間を往復する物件はただ決して尋常一様の衣類什器に限らず、時としては煮たる食物、植たる植物、生命ある家畜、塩噌的流動物もまた一時入替の質種として彼らの間に玩弄せらるるの余儀なき場合あり。車夫の困窮して車の輪を抜き、日雇者の困窮して着たる白帳を畳み、洗濯婦の困窮してその衣類を包むが如きは、既に委託品私用の罪たるを知るといえども、事情においてまた忍びざるところあり。炊立の飯を持参されたる場合、醬油の詰りたる樽を持参されたる場合、蘇鉄、金柑、柘榴の植りたる植木鉢を持参されたる場合、これら元より規約になきところなりといえども、既に店を開いて日頃の昵懇を重ねたる上は幾分の情実を察して臨機の約諾を与えざるべからず。

かかる習慣よりして、ある質店においては手飼の猫を預りたる例あり。ある質店においては「カナリヤ」の雛を預りたる例あり。しかしてまたある質店においては実に仏壇の霊牌を預りたる事あり。彼の蘇鉄彼の柘榴、この家畜この珍鳥、かつこの霊牌がいかなる因縁によってかくの如き恥辱に遭うに至りたるか、その事実を探究すれば、これにまた一条の小説的記事あるべし。狡猾なる乞食の社会においては、二歳より三歳位なる貧家の小児を賃借して融通に使う事あり。即ち弔礼祭礼の場所に向って恵与を求むるの時にして、人頭によって慈恵者の眼を欺くの手段となす。生命ある人間も茲に至ってまた一種の商品となる。しかれども、真逆にこれを質としては、置く人もなかるべし。

十三　新開町

大阪は十六万竈の富をもって居り、東西四十丁にわたる大市なれども、高きに登って見る時はこれが天王寺の塔において一瞰さるべし。京都は愛宕、清水寺において、名古屋は鯱鉾の城において、横浜は野毛の山において洋をも併せてひと眼にさるべし。しかれども、東京は、その高き十二階〔浅草の凌雲閣〕に颺るも愛宕に登るも、九段坂、上野、天神台、駿台に登るも僅かにその三分の一ないし五分の一を見るに過ぎず。譬えば盲人の捜ぐる象の体形を画くに異ならず。さればこの尨然たる大動物の内部の生活的機能が時々刻々に働らきをなす有様は如何ならん。内科専門の大博士は数百千人、その主脳部へ集まっておのおの共に局部の容体を診察しつつ、これが報告として毎日数万部の雑誌、新聞紙を発行す。しかれども、その生活機関は廓外に広くかつ深くして、肺の局所、胃の局所、血液の停滞混乱するところ、繊維の錯綜交綟せるところに至ってはさすがに大博士、大国手もいまだ充分の診察を遂げ得ずして空しく匙を握り詰めたるもあらん。とにかく、この動物都会の生活的機能の運動力といえばすこぶる大なるものにして、その商品といえる食物は毎日数万輛の荷車をもって中央市場より各所へ運ばれ、その人間といえる血液は日に六万台の抱え車をもって東西南北へ走り、しかして、その繊維、その細胞は常に方角より方角へ動き各所より各所へ転ず。その運動力を総括すれば一年にして富士の山をも夷ぐべし、閑題休話。

大都会の地面は時々刻々に研磨せらるるなり、研れたる地面はまた直ちに家をもって塞がるるにあり。八方に散在せる大名屋舗の漸々に拓かれて新開町となりたるもの、三田にあっては薩摩ケ原、本所にあっては津軽ケ原、下谷における佐竹ケ原、牛込における酒井の屋敷、講武所の原、三崎町の原、仙台屋敷、土井屋敷等。なかんずく茲に最も細民の便利を期して拓かれたるは佐竹ケ原の新開町なり。幅員三丁にわたる地面はほぼ二千軒の汽車的小屋と仮屋的商店を列ねて新道縦横、その最も繁昌を極めたる所には胴体丸出しの馬肉屋にして、廛軒〔店舗〕を競うもの田舎的蕎麦屋、饂飩屋、鮨屋、在郷的万屋、八百屋、五十集屋、我楽多建場、下等席緞帳芝居、糶市等にして、いずれを見てもみな先月、先々月、昨日、一昨日ないし昨年一昨年の開店と思わるべく一種異様の景気を催し、皮肉なる商品の陳列をもってひと際往来の眼を峙立す。算うればわずか方数町内の界域において、六軒の野菜店と七軒の馬肉屋と六軒の定席と四軒の伊佐葉屋と十二軒の古道具屋と四軒のブリキ屋と三十軒のボロ綿屋と四軒の我楽多屋と八軒の古鉄屋とおよび六軒の田舎蕎麦、五軒の鮨屋、四軒の饅頭屋、四軒の煮売屋、三軒の揚物屋、五軒の飯屋、三軒の居酒屋、三軒の餅屋、二軒の糶市をもって満さる、もって界隈いかなる人々の住居なるかを知るべし。

しかして、この雑居的新開市の特別看板とも言うべきは、その髪結床、その魚店、その天麩羅屋、その鮨屋、その馬肉屋、その煮売屋の低き床、狭き店、事欠たる小坐敷を飾る熨斗的百万駄の飛羅にして、あるいは白巾にあるいは紙に、兼公、正公のヒイキをもって金千匹、鯣百束、大蒸籠、正宗十駄、七福神、宝舟、大鯛、団十郎、百万両等の縁喜的文字あるいは絵画を最も奇異なる筆をもって画き、白人細工の彩色を施して無下に往還の眼を誘う所、他所においては見られ能わぬ新開町の標識にして、大工、左官以下熊公八公諸氏の嗜味を発揮したり。

しかのみならず、その俄羅苦多店といえる屑屋の建場には古帽、古革鞄、古馬具、古葛籠、古机、古戸棚、古靴、古簞笥、人生生活の幾多辛酸を嘗め来ったる種々の廃物破什、店前に山積され、荒布の如き襤褸、芥の如き紙屑の塚を築かれたる間に埋もれて三人あるいは五人の女の髪毛、糸屑を撰分くる側にありて、新聞紙雑誌の古物を秤量に掛る人、空罎を搦む人、御払箱を担ぎ込む人、帳面反古を荷造る人等、その混雑喧騒するところに一種の趣ある、これまた新開町の看板なり。しかして、その葭子張の定席が、車夫、土方、往来諸商人らの立聴を容して、祭文、浪花節を語り、幡随院長兵衛、助六徒党の手柄を囃すの一段より、馬肉屋、天麩羅屋が印袢天着用の紳士を請じて飛羅、天井を周旋するの一段、ならびにそれらの下婢の頭上に紅き巾の頂かれたる、頸筋に白き香粉の施されたる、またもって新開町一種の風俗を認見せずんばあらず。

この風俗この景気を外にしてなお人々の面にあたかも金魚が水より水へ放されたるが如く、生気、活動の色見ゆるも、一つは新らしき家に移られたるの望によるべし。

十四　糶市

方三丁の地面に千をもって数うる客車的の小屋と数十軒の板葺屋根と数十軒のブリキ屋根と数十軒の仮屋的商店とをもって開かれたる彼の新開市は、最も手軽に庖厨を持ち、最も低廉に生活せんと欲する人々の竈を集めて繁栄を促がしたれば、その土地に附合する商売の仕組においてもまたおのずから一種の方法なかるべからず。ある人のいわゆる貧世界の無造作、利勘の立廻りという所にして糶市の建設またこの一つなり。界域数丁の間に二十軒余の古道具店を駢べたるこの地の活計は自然の中合をもって茲に二ケ所の糶市を開きたり。会場とも言うべきその家はブリキをもって天を覆うたる彼の仮屋的造作にして、店十二畳ばかり敷かるる処に仲間三、四十人を萃む、みなその道の商人なり。中に頭領あり即ち糶方にしてやや鑑識あるもの、これに副うて帳方一人、ほかに繰出し役二、三人背後に扣えて周旋す。その物品は重に道具屋の寝物にして雑多仔什の我楽多的古器物。その木製たると竹製たると陶器たると革具たるとを問わず、銅鉄類、玻璃類、紙製物、石工物元より論なく、葛籠、燭台、戸棚、米櫃、鋸、墨斗、膳椀、机、障子、花瓶、掛物、火鉢、桐油、唐傘、その履物たると食

器たると、その床の物たると庖厨の物たるとに差別なく、いやしくも人間生活に用ある物品は悉皆茲の商品にして、現物運び次第何ほどかの価をもって糶売さるるものなり。手数料は三歩五厘にして、売人と買人においておのおの一分ずつ負担す。この種の糶市もっぱらに最下層の商人向にして、薄資なる道具屋仲間が物品の寝物に鄙弊するをもって一時の融通より申合されたるものにして貧天地の最寄に多く、四谷箪笥町、麻布十番、芝浜松町、八丁堀の内、神田豊島町、本所外手町、浅草、下谷の各所、そのほか商売の都合によって臨時に催さるるもの至る処にこれあり。二百年の往昔、江戸、大坂の貧街においてこの種の融通の行われし事は井原氏西鶴の諸書にも

見えたり。

附木の如き薪一把にして既に二銭の価ある東京の台所においては、竹屑、鉋屑は勿論、鋸屑、藁屑、菰、炭俵をもまた焚付、燻料として玆に金銭をもって売買するの商品たり。真逆間違えば薪物なり、竈の下へ打燻べても飯幾釜は確かに焚ける代物なりと最後を目算して価を践む。これ実に大都会の生活が商人の耳に咡やぐ所にして、いかなる虫喰戸棚、慶長年間の米櫃、足利時代の障子の破器、鎌倉時代の破長持といえども、またこの目算を土台として相応の価段を糶る。それから先の相手は例の貧人なり。彼ら真逆の場合においては扉らを砕いて焚く事あり、桶を破して煮る事あり。かかる時節の要害として、もし古長持の一個もあらば時に取って恰好の材料。昨晩、米と漬物は買いたれど今朝に到んで薪木と炭なし、先般必迫の砌りにおいて根板を一枚剝して焚たれば生憎湿りて燃付あしく、拠なく畳を半帖解して焚付に致したれば、家中塵埃だらけと相成り、オマケに窮鼠の尿蒸発して臭気一室に瀰漫致し候などの事実は、最暗黒の東京において十二月ないし一月頃に流行する貧竈病にして、一世大作者の作り言にもあらぬほどな風景なれども、これらは実に印紙を貼って保証すべき事実、もし偽言なりと思い給わば遠慮に及ばず覗きて見玉うべし。その跡歴々、座舗の真中より泥棒の這入ったような大きな欠乏御座候にても知るべしとは彼らが日常の談話なり。かかる時の備荒として、もし古長持の一棹もあったらば如何、飯ならば四竈や五竈は炊かるべく、附木のようなる木葉、鋸屑、炭俵に銭を出すより遥か利勘のものに相違なし。されば虫喰戸櫃、足利障子、鎌倉机は勿論の事、欠けたる皿、欠たる重箱、破れたる膳、砕たる桶をも皆この理に準じて相応の価値を持、笊、味噌漉、俎板、火斗等の古物も立派な商品として三歩五厘の手数にかかって活溌に運転するなり。

　糶市の模様は一個の品、あるいは一組の品、もしくは数種見込によって合併したる品をひと口として値践に掛く、これを振り出しという。買わんと欲する者は八方より口を出して値を付け、低価より段々高価に及して買焦るところ即ち糶なり。勿論その間において売方買方双方互に一座の場面を見て商買上の狡猾を出す。しかれども、大抵結着の処において売放すなり。万一不相当と見做せばそのまま引込ますのみ。しかして、その貫目はみな旧例古格によって、銀一両、判三枚、一エ五、二エ五、一朱一貫の呼声なり。銀一分は二十五銭、一朱は六銭二厘、一エ五は一匁五分にして一銭二厘に当る。当日の出品として予が見分したるは概して銀一分以下の物品にして、古葛籠、手箱、鍋釜、建具、植木鉢、茶簞笥、負櫃、陶製火鉢、鉄器、銅網、薬罐、水瓶、南京小皿、飯櫃、丼、洋灯、塗鉢等最多く、そのやや高尚なるものとして扱われしは掛物、花瓶、釣灯籠、額、真鍮物、古仏像、竹製の花筒、屏風、衝立、古刀剣類にして、その下品なりしは盥、味噌桶、笊、石臼、炬燵、火地輪、俎板、手桶、米浸、備前陶器、醤豉酢醋的用の醢焉たる厨房雑具、しかして、その一円以上の価をもちしものには、檻篳笥、仏壇あり。その棚晒し物と見えしは紙製の煙草入数品、石鹸、歯磨、下駄、唐傘等沢山なりしが、これらは不日夜見世の商品としてまた大道へ並べらるべく、なお大工道具、泥工道具として鋸、鉋、鑿、墨壺、鎚、鏝丁、鑢等の古物も糶られたり。

十五　古物買

戸数千軒あれば人々共喰をなすに差支なし、いわんや三十万の多きその下層に働らく者悉皆共喰的の者ならざるなし。いやしくも独立して働らく稼業ならばいかなる種類の商法といえども、これを神聖に守って挊ぐ以上は強ちその日の糊口に苦しむ事はあらず、ただその人の健康と注意にあるのみ。その資本は十円以下その儲け高は二十五銭、これ即ちこの四里四方の大市場に散在する無数の兵隊的商法家の資格にして、極めて穏当なる戦争の場合を予算したるものなり。これより以上は銘々の運と駈引にあって、あるいは意外の難所に差懸って散々に敗北して命脈の危き事もあれば、時には案外の功を奏して一躍士官的の地位に陞り、十円の資本金は百円の融通を利かし、二十五銭の予算も五十銭以上に立廻り、表側へ商店も開き丁稚も使うに至る。しかれども、軍旅多難、銃担的商法家の生涯は常に蹉跌を意味し、伏兵炮撃の危難に遭いて満身創痍、銃も剝がれ剣も褫われて無資格の落武者とならざる者けだし稀なり。

古物商の中間に働らく仲買の多数は概して失敗を重複したる商人の落武者にして、その商品取扱の技倆においては彼の甲冑を鎧いて幕内に安座し居る将軍的資産家にも劣らざる者あり。彼らのある者は懐中一厘の用意なくして能く商法に立障り、甲乙双方の間を周旋して幾分の利潤をなす。古着仲間においては彼らを蝨斯と呼ぶ。毎日物品の買出として得意の立場を廻り、あるいは質屋道具屋の招喚に応じて不用物の値踏をなす。譬え懐中一厘の手附をもたざる時といえども、平日律義に渡る愛顧によって等しく売買の契約をなす。建場の商品にしてやや利益を見る物は貫目相場の襤褸切にして、懐中の準備二、三円あらば塚の如くに買出さる。裏店に住する婦女子の仕事としてこれを撰分すれば多少の掘出物を獲る事あれど、襤褸の丹精には手間を費すをもって資本に渇したる仲買は、かくの如き面倒を見る事能わず、一割ないし二割の口銭を読みて問屋より問屋へ卸すの活潑なるを喜ぶ。糶市に関係する仲間は重に道具屋の間を周旋する者にして、昵懇ある道具商数家の委託を受けて市場へ出席し、見込の物品を糴買してこれを店へ運びあるいは店の不用品を借用してこれを市場へ提出し、もって一般商人間の有無を相通ず。兵卒的商人としてはこれら第一の駈引を要する者なり。

しかして、これら商人が偶然の出合によって利潤をなすは、多く世帯仕舞を引受くる時にあり。一家産の世帯を仕舞いて立退のある時、招かれて見積をなすに不用物一切、何ほどの代価に引受るかとの談判なり。譬えば、今茲に一個の箪笥、一個の仏壇を売らんとして道具屋を招く時においては、甲乙丙の値踏をなすところ、大概同格にして、一円の物について十銭以上の翼を伸ばす事は稀なるものなり。しかれども、既に世帯を仕舞って立退を急がんとする場合においては、奇妙にも甲乙のいうところ啻に差額のあるのみならず、一人の踏むところは五円と言い一人の踏むところは二円と言い、しかしてまた一人の見るところ、時として十円以上に積る事あり。世帯仕舞の値踏は常にかくの如き相庭をもって相互に同業者の眼を晦ます、商法の具合はまた不思議なるものなり。しかして偶々五円に引受たる道具のうちより一個七円以上に価する什器の出る事あり、我楽苦多を捨売にしてなお二円の利潤あり、尤もこの場合においてはおのおの懐中に充分の余裕なかるべからず。

談判整うて払うべき代金なき時は余儀なくこれを資本家に謀らざるを得ず。さすれば物品は悉皆金主の所有にして、あたら宝器の山に入ながら、その報酬としては些々たる骨折料を貰うに過ぎず。この事実を無念として薄資なる商人が困苦するは魂胆中の魂胆にして、家財を典入し高利を借り、甚だしきは妻子を裸体に剝ぎて一日一夜寒の憂目を見する事あり。資金調達して利益予算の如くなるも、差引勘定すれば質の利と高利の日合とその奔走入費のために少くも利潤の四、五割を減かれて、折角の奔走もその奮発を価せざる事多し。商人に資本なきは禽に翼のなきが如し。

古物商の下に働らく屑屋に至っては元より資本を要せずといえども、紙屑十貫目買入してその利八、九銭に過ぎず。襤褸切、古銅鉄の類にして少しく利潤を見るといえども薄資にして物品纏まらざるが故にこれを値売する事能わず、大概は貫目相場の屑物として立場へ卸す。建場は屑屋の金主にして一人に付二、三十銭より五十銭位までの資本を貸して商法を励ます、あたかも探偵か手先を使うて罪科を探さすが如く、その手を広くする家は一軒の建場にして十四、五人より二十人の下を使うて物品の匯集をなさしむ。しかして能く働らく者は五十銭の資本を朝夕四、五度に運用して毎日平均二円以上の材料を運搬す。これらは実に格別の働きある者、その奮発心なき者に至っては一日掛て二十銭の資本だに使いこなさざる場合多し。十二月に入って町家煤掃の前後、四月を出でて世間ようやく春暖の気候に向って繁忙となるの例なり。

古仏壇より金銀の現われたる験し、あるいは古葛籠の底より古代錦絵の珍らしき物出でて意外の利得を与えし事、この種の商売としてまた無きにしもあらずといえども、新聞紙の発行以来世人の注意はまた一段にして、廃物吟味の上に吟味を重ね、よくよくの品にあらざれば屑商の手に懸けざるのみか、注意深き人々は竈下の灰より鼠の放れたる糞までも掻き集めて直段に掛るほどなれば、当世かくの如き試しはただ小説として残るのみ。

彼の死人、病人の着たる夜具衣類にして白衣新調の物あり。縊首、入水、服薬、自刃その他種々なる方法をもって変死したる不浄者の被服にして甚だ結構上布の物あり、一の血痕なく一の膿痕なき物といえども人これを嫌う事汚物の如し。繿褸師の商法として時に甘き利潤をなすは、けだしこれらの不浄物を取扱う時にあり。売買は真の涙銭（訣別銭）にして敢て価を唱えず、実価五円に値するほどの物品も一円の訣別に引受て帰る事あり。贋物師は即ちこれを晒して直ちに新衣を作る。病牀の汚物、血痕、膿痕の不浄なるも彼らの職業より言えば彼の墨汁「インキ」の滌いがたきよりもかえって安穏の思なりと。

十六　座　食

座して喰えば山をも空し、一句これ老婆的慣用語にして業已に陳腐に属したるものなれども、その事実なる事はなおスタンレー〔イギリス生まれの探検家。一八四一—一九〇四〕が蛮国探検と共に一大事実たるを失わず。一家族が中等の階級より下等に落るの際、あるいは下等のある階級よりある階級に転ずるの際には、必らず彼の居食または売喰といえる一の事実を通じて歩むものにして、彼ら家族に取っては零落の一大歴史たるべく、いやしくも都会的生活を通じて来りたる家族として多少この事実を踏ざる者なし。片々採蒐し来ればこれまた一部の貧民新聞たるべし。

座食的の歴史の長きに至っては、十年二十年にわたって事実殆ど人の一生涯を埋め尽すものあり、しかれども、その命脈大概二、三年にして竭るを例とす。その短命なるに至っては三ケ月五ケ月満一年を出でずして亡ぶものあり。大家倒産してその主人の奮発を喪うたる場合、亭主死してその家族の方向に迷うたる場合、ある災難ある事情に遭うて余儀なく彷徨的生活を採るに至りたる場合、あるいは商法不景にして出入相償わざる場合、すべてこれらは実に居食の歴史を踏むべき至当の運命にして、劈頭第一その家を売りその造作を売り、その商品の残物を売却して一時借屋住をなす。即ち行在所的の生活にして交際も減じ外観も捨りて、以前三十円も懸りし家計は今十円にて償われ、米薪も多分に買わず、魚屋、八百屋も新顔の人を呼び入れて質素なる言葉を労らえば、庖厨の失費、案外少額のものとなって結果はまことに無難なるが如し。しかれども、居食の神は元打撃をもって目的となす。この行在所いかで永遠なるを得ん。貯金は第一年に蕩尽され、衣類什器は第二年に蕩尽され、しかして無形の融通は第三年に至ってその跡を断つ、家族は行在所を退からざるを得ず。

居食における第一年は数百円の用金をもって生活する事なれば、その心は勅任官の如く寛闊なる所あり。居食における第二年は数十点の家産をもって活計する事なれば、その心いまだ判任官の齷齪たるに落ちずといえども、第三年無形の融通に依頼して衣食するの境界に至れば、日夜奔走彼の刀筆吏が雑務に逐わるるの切迫を見る。彼の大家の零落したるものが前世紀の余沢によって数年間座食の命脈を継ぐの事実は挙ってこの問題に入るべきものにして、小形なる商人といえども前世紀に属する恩誼貸借の名簿を調べてなお能く一年間生計するを得る。あるいは放擲したる証文を訴訟に懸け、あるいは悶着したる事件を勧解してもって幾分座食の料に供す。ある者は質物の売却について受くる訣別銭によって数月の家計を支えたる例あり。座食最後の収入は概して墓石の売却にして、数代富限の栄花は一基の卵塔に数十円を遺したるの徳沢あれば、これを踏してなおよく最後の計をなすに足る。

　かくて、この悲しむべき売食の事実が人間の生活を説明するは極めて深刻なるものにして、座食第一年に売却したる千円の金は、第二年に売却したる百金よりも寿命短かく、第二年の百金は第三年の境界における十円の金よりも価値なきが一般売食的生活の常例なり。今これをある一個の事実に照会すれば、かつてある田舎の富有者にして都会的の生活を慕い、当時三千円に近き貨幣と七梱の衣類とほかに雑品粗数百円に価するほどの財物を携えて来住したりしが、前後三年の間に悉皆蕩尽して無一物の身となりしは敢て珍らしき事にあらざりしが、後一年を経て田舎へ帰り、親族故旧を説きてようやく百円ばかりに価する商品を携えて、もって第二回の移住を試みたりしが、前回の無分別に懲りたる彼れは格別なる注意をもってよく数十年の家計を支えたりき。けだし売食三年の間、座食の生活なりといえども、その人の鍛練によってはまた一種の運命を開く場合あり。これらは実に世故自然の冥利にして、衣類家什を売却したるの経験によって古着屋となり、古物商となり、襤褸師、仲買の内幕を覚えて物品の鑑識に熟し、三千金の財産を耗消してなおよく三百両の古手買となるを得るの験しあり。天道人を殺さず、天は自から助くるものを助くるとは、けだしこれらをや言うなるべし。

十七　朝市

蔬菜店の大棚なるものは、大八とも言うべき大形なる荷車をもって、蔬菜屋の小棚なるものは、大六とも言うべき中形なる荷車をもって、また蔬菜屋の最も小棚なるものおよび街道呼び売の小商人は一荷の笊籃をもって、おのおのその市場に向って趨る。これ実に毎朝の課業にして、三百六十五日、日曜も大祭も厄日も吉日もあらざる毎日の課業なり。芝、赤坂、京橋および日本橋の蔬菜商は大根河岸の市場へ、本所、深川の人々は三河島の市場へ、芝、麻布の人々は目黒の市場へ、小石川、本郷、下谷の人々は駒込および谷中の市場へ、四ツ谷、牛込、赤坂の人々は新宿の市場へ、浅草、本所、葛西の人々は千束、小塚原および本所各所の小市場へ向っておのおの買出しをなす。これこの袤大なる大都会が自然の地理によって拓きたる地方的郡県的の青物市場なり。

しかして茲に中央政府的とも言うべき中枢の大市場は、府下十五区内の蔬菜商と言うべき蔬菜商の薈まらざるなき菓蓏の大なる「マアケット」にして、朝の東京第一の

神田多町の青物市

盛景、恐らくは朝の日本第一の盛景として遺されたるもの、これが一般に多町の青物市と呼ばれたる大市場なり。十五の大小区を囲みたる各郡の村および郷、北は砂村以東の新田葛西の陲より、西は練馬の里に至るまで、南は目黒渋谷一面の地、東は砂村以東の新田武蔵六郡、下総二郡の園および畠が大小の荷車によって動きつつ、朝の二時より八時まで絶えず入荷するこの大なるマーケットは神田多町にして、佐柄木町、新石町、須田町および三河町、連雀町の数町内を埋めて一大「世」の字をなせる貿易場にして、その街道は二百四十の青物問屋と三十七の乾物店と二十三の荒物および翫具問屋および四十七の荷車問屋、十二の飲食店をもって組織さる。その五百有余の店軒四方数町にわたる人影は山間の一小都会を開拓して人間を埋めたるの形ちなり。けだし毎朝人の集まる事無慮五万と伝う。その問屋の数よりすれば粗大根河岸を十倍したるの盛観にして、その市場の広袤よりすれば大坂天満河岸の青物市場を三倍したるの景況なり。しかして、その取引上の金銭を算するにおいては魚河岸の活潑なるに比してやや遜色あるべしといえども、その物貨の景と物品の数と売買の区域の広きに至ては遥かに彼れに超越して、その人影廛軒および物貨輻湊の大なるをもって朝の市場の第一に置かる。

　時に市場は秋の初めの出荷にして菜菓の色は枝豆、茄子、玉蜀黍、南瓜の黄みて霜降たるもの、梨子の熟して好時節なるもの、西瓜は塁々として往来に満ち、芋の茎は林の如く軒を塞ぎ、茗荷、新芋、柚子、藤豆等は半切あるいは莚に拡げられて殆んど人のその上を歩くに委せられ、新薑の色に紅を潮したるもの、芋の児の白く洗い上げられたるもの、大炮の如き洋種西瓜、冬瓜、麻桑瓜の山をなせる中にも、葡萄、桃、梨子の過半は箱詰の取引をもって買う人はその中より見本を撰りて一個の味を嚙る。四面菜果の色に埋って往来はただ人の脚のみ、人肩相重なって銅貨一銭落すの余地なし。その頭上を飛ぶ笊、その脚下を嚙草鞋、その輪と輪と嚙み合う荷車。日光が有機化学の作用を促がして土壌を様々の美術に造る。それが今朝の出荷としてかく夥ただしくあるか。

　畠の液が車によって運ばるる、山の精が籃によって送らるる、然り而してまた玆に彼らの売買上の応対が南洋トラク島サンミが言語よりも六かしく、「サルマタ、ヤゲン、ロンジ、ダルマ、チギ、ヤッコ、セイナン、ゴンベ」これらの隠語が急口に投らるる彼らの売買を傍より聴くべく、それがいかに蛮風なるよ。しかして、なおまた彼らの売買上の文字がサンスクリットの草稿よりも六かしく、一時間の備忘のために記さるる当座帳の一頁が不熟練なる速記者的の筆法をもって急々如律令（悪魔退散の呪文）に、八百屋仁兵衛を「八百仁」に、万屋勘兵衛を「よろかん」に、麹町番町の源七を「ばん源」に、小日向水道町の正七を「ひな七」または「ひなまさ」あるいは「こび七」等に略して記するが如く一切筆任せにして、その筆記者当人においても一時間の後に至っては、これが八百勘なるか万勘なるか殆んど推測に能わざる底の擲り付をもって用便を達する。それを傍より見るべくいかに軽忽のものなるよ。けだしこのサンスクリットの擲り書、およびトラック的の隠語はこのマーケットにおいて実に欠くべからざる用材にして、これを利用してもって売買を活潑にするの問屋、荷主および他の商人において中餐前二時間の商況を争うところ、これ偶々もって市場取引の

砂村新田の西瓜船

劇しきを見るに足らんか。

しかして、この劇しき取引、過溢せる蔬菜、混雑せる人影、熱閙、雑沓、社会生活の群響の紛然雑然たる間において端なく予をして一瞬間ウォルゾロス〔ワースワース〕に握手せしめたるものは、市場の一隅に尊く陳列されし晩秋の山菓なりき。地球の廻転が太陽系を逸して七十五日先駈せしが如く、新の柿および新の栗が半ば黄色に色を模様し、苔蘚を芽破して秋露を戴きたる初蕈と共に草苞の裡より露われしは、予が今朝、青物市場の眼に映じて、それがいかに珍らしくありしよ。日本の国は広し谷は邃し、何処の山奥より出せしか、いかなる室にて作りしか、けだし厳冬筍子を出し、初春胡瓜を並べ、三伏の炎天、早く既に晩秋の菓物を見するは、この市以来の特色にして、大都会が稀物の名を嗜み食うの贅沢は国々島々の深山幽谷へ響き渡って天狗の神の御承知なれば、深山の猿が狼に告げて魑魅魍魎の食客なんどが齎らし来たものにぞあらん。

　この如く、まずこれかの市場の表面についての観なり。しかして、この朝の東京第一の盛景が我が最下層の生活に関係して、茲にいかなる福分を頒つものなるかを見るは、またこれ一個の一問題にして、彼の僅かに十五、六銭の元をもって晩菜一荷、山の如くに買出す数百人の暖簾師を始めとして、無数の呼売商人、鮨、草餅、串団子、氷菓子、庖丁、縄、笊、籃および手帳、煙草、墨斗、菅笠、附木、木札、銭緡、把手、蚫貝等の食品および用品を提売しまたは立売する小童、娘、小商人、あるいはマムシの干物、イボタの虫、籠り蟹、天狗の梅（珍稀なる植物の名）、金の石（鉱物）あるいは金の花（石英の類）、柘榴石、帆立貝等山海の遺珍を駢べて珍客を待つ小香具師の一類より、荷車を輓きあるいは担ぎて汗膏の賃銀に食する無数の立的坊、荷車の見張に雇わるる番人、最後にこの大市場の草芥を掃除する高箒木の労働人および残物に麕まる乞児の群に至るまで、彼らが詳細いかなる福分を享けつつあるかを訪問せざるべからず。

十八　十文銭の市場

文久店の御客は多く下等社会の児供にあり。彼ら都会に育ちし因果には、生れながらにして広野の追放を容されず。馬車、人力車、荷車、電信柱の往来する間において駈競べは剣呑なり、鬼事危うし、目隠し草履かくしこの地面を有せず。樹登り、川浚りこの場所を持たず。むやみに大凧を揚ぐべからず、むやみに綱引をすべからず。独楽廻しは往来の足を傷け、礫打は戸障子の損害要償となる。芋畑なければ芋を掘る事能わず、瓜田なければ瓜茄子をちぎる事能わず、いわんや桃栗柿の木に攀登って美果を泥棒するの戯れにおいてをや。彼ら、もし誤ってこれらの戯れを擬んとすれば忽ち彼の地主あるいは家主、大家または差配なる者に一喝されて「餓鬼」「寝小便」「喰い潰し」等の汚名を蒙らざるを得ず。ここをもって彼らの腕白大将、餓鬼大将も自然に退陣して文久店の一隅に割拠し、三十文を投じてボッタラ〔水で溶いた小麦粉を焼いた菓子〕を焼くにあらずんば即ちメンコを把って方三尺の地面に輸贏〔勝敗〕を争うのみ。

腕白大将餓鬼大将既に然り、しからば、これが令閨たる泥孩の貴婦人は如何。彼のオチャッピーと称する未来の女丈夫、ヤンチャと称する少国民の巴御前、彼らは花を袂にして野に摘む事能わず、貝を手籃にして浜に摭う事能わず、しかもなお慈母の注意は馬車の怪我を懼れ、祖母の心配は人力車の転覆に近寄らん事を危む。これをもって舗かれたり庭前二尺の薄縁、方三寸の箱は即ち泥孩娘の家屋にして客間あり、庖厨あり、竈あり、鍋あり、膳あり、碗あり、庖丁は鉄葉にして饌は羊羹なり。もって孩娘を饗応し、もって新婿を迎う、彼の湖処子〔宮崎湖処子。一八六四―一九二二〕、嵯峨のや〔嵯峨の屋お室。一八六三―一九四七〕、漣山〔巌谷小波。一八七〇―一九三三〕、バアネット〔アメリカの作家。一八四九―一九二四〕等当世第一流の作者先生たちが極力筆硯を磨するところもけだしこの辺にして、彼ら泥孩のコマシャクレたる能く家庭の瑣事を記憶して、一歳婚儀を営み、一歳児を儲くるの飯事戯に及ぶ。しかして、その巧みなるに至っては丹波鬼灯をブリキの盥に入れて上より貝杓子をもって水を濯ぐ。怪んでこれを問えば、これけだし嬰児に産湯を遣わすなりと。見る者呆れてその妙智に驚ろく。

かくの如くこれ都会小児の遊戯なり。しかしてその遊戯の材料はこれを悉皆彼の文久店に仰ぐ。豆鉄炮、笛、喇叭、花火、福袋、福菓子、鉛貨、酸漿等の遊戯品より落花生、一文菓子、桂枝、糖水、焼蜆、杏、巻鮨、砂糖漬等の食品に至るまで、小児

通新石町の翫具店

によって望まるる千種万様奇々妙々么微〔細かいこと〕を極めたるこの商品の買出しは、彼らによって十文銭市と呼ばれたる青物市場の一廓にして、いかに多くの品物を仕入るるも一軒の店にて二十銭以上を仕入るる客なく、一個の重箱に五銭の駄菓子を仕込み、一個の組箱に四銭の巻鮨を仕込み、あるいは三銭の蒸し豆、二銭の鬼灯、あるいは一銭に五把の桂枝、四銭に二升の落花生、あるいは福袋四つ、豆鉄炮五本、あるいは焼蜆十串、糖水七罎。その仕込高を問えば、甲の商店へ三銭五厘、乙の商店へ二銭八厘、左右五、七軒の商店を渉猟してその仕入高を算するも合計二十五銭に登る者稀なり。

しかして、その仕払金の種類多くはみな緡に維ぎたる者にして、永銭〔永楽通宝〕、文久銭、青銭〔寛永通宝の四文銭〕、かつ今はこれなしといえども四、五年以前までは彼の頑骨不霊なりし天保銭の重きもの這般の取引社会に横行したりと言う。

　商店は両側に軒を並べて、物品を往来の半へ突出し、取る客あるに任せて勝手にこれを採采せしむるの便宜を尽す。採采するに客欺かず、計算するにかつて誤りなし。最も小形なる売買にしてまた最も繁昌を致すのところ、文久市場の唱えある、実にその名に背かざるなり。しかして、この客と称するは即ち文久店の主人公。多くは四十以上の老女にして神田の区内は勿論、下谷、浅草、本郷、四ツ谷、麹町、麻布辺より早朝に来る人あり、あるいは南葛西、北豊島、千住、板橋、目黒、渋谷等の僻在より三日隔あるいは五日隔位に出て来る人あり。その数無慮数千人に及ぶ。文久市場の一廓常にこの種の人衆をもって道を塞ぐ。これを青物市場の副産物とも言うべし。

十九　無宿坊

　いやしくも廻漕船の十艘以上入る港、いやしくも為換蔵〔倉庫〕の三戸前以上立つ処、物貨揚卸しの河岸、荷造の場所、市場、工作場の足場には必らず仲仕なるものあり。一枚の肩掛を袈裟にして尻切襦袢の立姿、厚徳丸の荷を卸して永代丸の水揚に趨る、即ち苞落の賃銀を取るものにして多くは飛入稼ぎなり。東京にこの種の力役者の多き、川口霊岸島、深川木場、米廩の最寄、四日市の三菱為換蔵の近傍、魚河岸、神田川、揚場、一個所に簇まるもの数十人、しかして青物市場に属するもの最も多く、八方の地角より荷車を促して来り集まる者無慮千をもって算う。近きは九段坂より上野より、遠きは青山、目白、巣鴨辺より六十貫ないし八十貫の車力を十丁三銭位の相場をもって雇わる、最下層の職業中最も骨力を要するものなり。七時より八時の間に市場へ集まって、それよりまた買出しの八百屋を見出してその荷を輓く。畢ればまた九段坂、万代橋、揚場、上野等随意の場所に休息して苞落の荷物を担ぐ。あるいは直ちに魚河岸へ趨きて車力の買出しをなして五宿板橋等の宿行を儲くる事あり。日に二十銭をもって最上の稼ぎ日となす。あるいは十銭内外にして日を暮らすもの少からず。人力車の後押をもって坂下に立つものは毎に一銭的の報酬にして粟餅一片をもって僅かに空腹を補う。この類の憐むべきは寝るに三銭の木賃の臥床もなくして、日中数時間樹蔭に息うて坐ろなる睡眠を取る。雨にも蓋なく雪にも着衣なく、ただ日光の温袍に浴して生活する野生的の生涯にしていわゆる立焉坊なり。しかれども、一銭、物を乞うて食うにあらず、人の恵に依頼して養うにあらざれば、その被いかに褻

路傍に徹して払暁を待つ

れ、その面いかに瀆れたりともその心乞丐にあらざれば、その行に廉恥の存する事決して彼の悪車夫一類の者と同じからず。

上、中、下、いずれの社会においても、その社会の制裁を厭うておのおの自から殊なりたる業を取る。しかして、最下層においてその社会の制裁を厭うたるもの、けだし多くこの立焉坊の仲間に見る。彼らのある者にはその家主の苛酷を憤ってその居を開け渡したるものあり。彼らのある者にはその親方の圧制を忿って労働仲間を脱したるものあり。しかしてまた彼らのある者はその妻女の冷腸を恨んで鰥居〔男の一人暮らし〕せしものあり。その居を開渡す時、その仲間を脱する時、その鰥居する時においては衷懐一分の憤懣を蓄えて必らず為有の気を振作したるものなれども、如何せん赤手なすなく貧寒頼るなく、歳月無為に流れて数年、今殆んどその当時を忘れて知らざるが如しといえども、偶々一方の栄耀を見るにおいて、これが悲傷の媒たらずんばあらず。

もしも世に運漕すべく船のあらざりせば、大儀ながらも我々は灯すべく一合の石油に露西亜の国まで走らざるべからず。十六方里の間に菜園を見ざる東京の住民が廉価にかつ潤沢に野菜を得るは何の恩賜なるや。青物市場の問屋は常に低き口銭僅かなる手数料をもって荷物を引受く。しかれども、その重なる力は常にこれを運搬し来る人々の恩恵に帰せざるべからず。彼らの賃銭は直接に品の頭にかかる。立的坊、乞丐、宿なしと人は毎に彼らの労力に価なきを賤しむ。しかれども、この価なき労力は直ちに形を変じて我々の膳部に低廉なる菜菓となるを知らずや。畑より市場へ来る八十貫目の荷車は運搬の賃銀として八銭を計算さる。彼らの賃銀は実に一貫目一厘なり。胡瓜ならば十二本、茄子ならば二十、誰れかかくの如き低廉なる労働をなすものぞ。もしも世に市場なく八百屋なければ、我々は一把の生薑を買いに谷中まで走らざるべからず。これを思えば彼れ立的坊は荷主のために常に一割の所得を奪われ、問屋もしくは八百屋のために一割の所得を奪われ、しかして常にこれを需用する我々のために少くも二、三割を奪わる。無慈悲なる世間のために常にその所得の四割五割を奪われつつある彼れ労力者。今日もしも我々の懐嚢に通用すべき金の十円もしくは百円あらば、その中の五円もしくは五十円は常に彼らの財産なる事を覚悟せざるべからず。偶々彼らの路傍に臥し、襤褸に凍え、残飯に飢ゆるを見て、我々はいかに考察すべきものなるか。

二十　最暗黒裡の怪物

予が貧大学の課程中、ある夏の事なりき。ひとたび宮物師の仲間となって塩鯖、鯣、鱒、棒鱈等の詣物を担ぎ、秩父を目的にして河越在より売始め大宮郷へ着くまでに大概売尽したれば、そこよりまた商法を変えて、このたびはガラス玻璃の風鈴屋が夥伴となり、時節柄、気楽なる上州あきないと出かけ、高崎在より安中、板鼻の近傍を旋り、終に彼の浴客をもって有名なる伊香保の薬泉場へ辿り着きしが、茲にて図らずも一の話すべき好財源を発見したりき。それは果して何事なりしか。

世に知られたる如く伊香保の宿は山頂の半腹に構えられたる一幅の崖地にして屋上屋を積み、階下に階を重ね、通路隘く往来僅かに石磴を畳みて歩を開くの処、隣は即ち屋上にして裏は家の檐下にあり、羇亭〔旅亭〕、茶亭、割烹店は上層にあって礦泉の新らしきを引き、酒類、灯油、蔬菜、荒物を売る廛、仕出しや、洗濯や、飲屋、煮売屋、縦覧所、貸本屋等は多く下層にあって浴客の需用を充たす。大なるは数百人の浴客を控えたる羇亭より三百の廛軒〔店舗〕、壁画大の山腹を這って西北の谿間に臨みたれば、下層に住する家は二六時中天日を看る事稀なり。しかして、この下層にまた下層あり、さてその最下層という処はいかなる有様にしてかつ何人の住する処なるかと見るに、まずその家は酒屋、蔬菜屋、荒物屋等下層の家の床下五尺ばかり穿ちたる土窨にして出入梯子をもってするべく、三尺の出入口は即ち天井の窓にして往来人の歩行する処なり。窨内は十畳ないし十二畳の広さにして四壁、板をもって囲みたる処、植物の新芽を萌し硅臭一室に瀰漫して窒気鼻に迫るの穴窟、近来世に最暗黒といえる文字猥りに利用されて世間その解説に苦しむ者多し。しかれども、形容ならざる最暗黒の生活は実に玆にしていかなる眼をもって見るも、玆を最暗黒の世界にあらずとする者あるべからず。

しかして、これら土窨中に眠食する者元来いかなる種類の人なるかと見るに、いずれもみな盲瞽あるいは啞聾等の痼疾ある癈人にして、多くは彼れ浴客の余興に活計する座芸者、笛、尺八を吹く者、琴、三味線を弾る者のほかはみな揉療治按腹の輩にして、鍼治、灸焼を主る者の類なり。今茲にその癈疾を物色すれば、あるいは躄あり跛あり、馬鈴薯大の贅瘤を額上に宿して眼を蠣の如くに潰したる大入道、短身齲背の小入道、痘瘡のために面体を壊したる瞽女、座上常に拳をもって歩行する足痿者、象皮病者、侏儒、これらの者一窖内に五人ないし七、八人嗜好を共にして同住す。窖内暗黒にして物を弁ずべからずといえども、住する者みな盲人なれば元より灯火の必要なし。

その数百数十人、中に酋長あり。鍼治者にして、左の額上に碗大の隆肉を宿めたる大奇物なるが、二十五、六歳より四十歳まで瞽女妻妾四人を蓄え、食事の時は常に左右より抱持されて喫飲す。その倨傲なる事宛然大江山の酒呑童子の如く、客ごとに必らず頭を刎る。一客三厘、窖内の座業者は総てこれに貢ぐ。その鼻息を伺うて営業するや奴隷の如し。もし一人にても曖昧する事あれば直ちにこれを桎梏して鉄鞭〔鉄のムチ〕を加う。されば他より来って浪りに営業する者は見つかり次第に執えてこれを裁断す。けだし宿内の座業権は悉皆彼の掌握するところなればなり。ここをもって彼は常に冥黙暗算をもって居り、宿内の客の増減、散財の景況、繁昌、微衰の気運を考え、何の羇亭にはいかなる客あって什麽様に振舞うものなるかに至るまで仔細に吟味して、知らずと言う事なし。百十数人の座業者が貢ぐところの料銭、ひと夏積算して数百円に登る事あり、これをもって彼はまた傍ら宿内の小商人に金貸して彼の高利を繰る。もし延滞する者あれば直ちに盲目的の催促をなして一日も猶予せざるなり。

しかのみならず、またこの盲人はその膝下に数人の小童を飼養してその技を習わせ、二時間ごとに流しと唱えて宿中ひと旋り呼あるかせ、帰れば即ちその客の種類を吟味して稼金を没収す。常に稽古のためとしてその肩癖を揉ませ足を摩らす。しかして、これらの盲童子は彼の瞽女と称する盲人によって炊事されたる粥を食事として日課を務め、眼なくしてかかる懸崖〔伊香保の急な石段のことか〕を上下するにありき。しかしてまた彼の瞽女輩も平日按摩し弾絃し歌唱して賃銀を取りもってその主に奉ず。彼れ盲人の艶福常に夥伴のために羨まる。けだしかくの如き艶福、かくの如き権威、かくの如き栄耀、要するに彼が人に長たるの一技能は、南蛮鉄の如き自信をもって我意を通すと剛愎我慢舌より一歩も退かざるの土蛮的強情に因るものなれども、またその冥黙暗算中より拈出し来る一種の法律と、声を聞きて直ちにその臓腑を見るの天稟に因らずんばあらず。とにかく彼れは土窖中の一大酋長なり。

この如き話説これこの都会を距る事数十里上毛伊香保山中の事実として風鈴子の齎らし来りたるものなり。しかして、我が最暗黒の世界においても、よしその傲慢彼の如くに甚しからず、よしその艶福彼の如くに贅沢ならず、かつその仲間に向って歩銭徴集の約束の如きなしといえども、宛たる彼の大入道の面影は至る処に存在して時々我意を振うを見る。

因に言う。彼ら盲人が蟄居的生活は極めて穢陋なるものにして、窮窟幅員九尺に足らず、圊溷〔便所〕厨房みな一室にして飲食起臥房を彊らず。齏豉〔なます、漬物の類〕一品、畦蔬〔野菜〕一菜をもって朝夕し、喫飯するに多く乳羹〔熱い乳〕を需めず、常に葷辛混合〔臭い菜や辛い菜が混ざり〕、盌碟汚埃す〔碗や皿が汚れている〕。喫了すれば即ち器皿を払拭してこれを庫裏に収む、かつて洗滌する事なし。居常蒙塵芥埃掃なく、醜虫網窠し〔蜘蛛が巣を張り〕木芽萌茁し、あるいは湿気浸透して苔蘚氈蒸〔コケ、カビが毛織物のよう〕、黴菌群生す。

二十一　日雇および部屋頭

労役者の賃銀に日割勘定と受取仕事の二種あり。日割勘定は日給にして受取仕事は一人または数人の組合にて、一事業より分割せる一個の仕事を受取るにあり。あるいは甲所の土石を乙所に運ぶに一荷何銭の割合にて受取るにあり。されど、まず彼ら通例の働き高、日に十八銭より少からず二十五銭が止りなり。尤も臨時雇いは一歩以上三貫より四貫位請求する事あれども、一事業について二十日ないし三十日永続する勤め先は、日当下げ銭にして二十銭なるを通例なりとす。但し部屋頭が受負師より請求するところは二十五銭を下るべからず、即ち二十銭には五銭を刎ね十八銭には七銭を刎ねるものを通例部屋頭の取り前とす。但し部屋頭においては労役用の器械の損耗即ち鶴嘴、畚、ジョレン〔鋤簾〕等の損料を見積らざるべからず。また部屋によっては袢天を貸す処あり、諸入費差引して三十人の夫役を出す棟梁は、日当一円ないし一円四、五十銭の所得あるものとす。尤も部屋頭にして受負師の地位に立つ時は一事業を二百円に受け取りて実費百二十円位に仕上る事あり。即ち八十円の所得なれども、この場合においては元より事業の責任悉皆負担して、落成前に金銭の融通をつけざるべからず。しかれども、かくの如き棟梁は府下に至って尠く、大概はみな受負師の取次をなしてその下に隷属するものなり。

　毎度ながら、とかく上に立つものは下を虐げやすく、機に乗じて利益を壟断するなどの弊を免かれがたし。但しこれも世間一般の風習として人事の交際に普通の事となせば、それまでなれども、中には随分憫然なる同胞に対して悪むべき手段を運らす者あり。受負師、棟梁の姦策なり。夫役払底の折などは勿論この姦策も施こすに遑なしといえども、事業閑にして労働者の一帯が無事に泣く時などは、附け込みてこれをなす事、元より彼らの常例なり。例えば玆に一事業ありとせよ、棟梁は受負師より五十人三十銭ずつの割合にて買い出したり、あたかも好し時節不景気にして日雇者無事に苦しみ、就業を依頼して歎願を重ぬるもの続々。この時に当りて彼らは奇貨居くべしと、まず一人十銭ずつの頭を刎ね五十人の扶役を三十五人に切り上げ、余の十五人は刎ねたる頭の銭をもって三十五人に鬮を取らせ、労働時間外に余分の一時間ないし二時間の受取仕事をもってこれを補ない、かくて事業成就の後において五十人日割の勘定をもって請求し、結局五十人の仕事を二十五人、山々三十人の扶役をもって補塡するが如く、あるいは六分人足七分人足（一人扶役に満ざる虚弱者）をもって一人に通用させてその上前を着服するなど、随分吝嗇にして風儀の悪しき部屋頭あり。あるいはまた中には会社もしくは事業主より餞けられたる酒饌を専擅して私用に供するあり、甚だしきは揃えの法被を柱に着せるあり。

　揃えの法被云々の事実はかつて阿部川町辺にありし事にて、某部屋頭の妻すこぶる鄙吝の性質にてかつ配下の労働者を見るに慈仁なかりしが、ある時寛大なる事業主より人夫五十名の頭へ法被一領ずつ恵与せんとて部屋頭の許へ送られたり。しかるに、この取次をなせる部屋頭の妻、天性の鄙吝抑えがたく、いかでこの恩賜を無為々と他人の物となすべき。しかれども公けに寛大なる事業主の見るあり、到底私すべき物にあらざるを知って渋々勘考を運らし、その最も昵近せる十五人の配下を撰びて内証にて遣わし、剰れる三十五領を解きて布団の皮に遣い、余を悉く機杼師に売却して知らず顔せし云々。

二十二　飯食店の内訳

府下にて飯屋の有名なるは室町三丁目の某店、芝宇田川町の某店、牛込揚場町の某店にして、これらは日に三十五円よりないし四十円近くの売上をなす。尤もその顧客は労働者にあらずしてやや財嚢の裕かなる商賈職工等の立餐をもって平均一人前八、九銭より十銭位の勘定を上ぐ。丁子三本、刺身一皿、汁と煮肴位にて十五、六銭費るものを最上の客とす。これより下って普通の飯屋に至れば満目みな車夫的労働者の食店ならざるはなく、繁昌なるは庖厨に下男二人、給仕三人、手間取一人（下働き）、店頭に飯盛一人（これは帳場なる主婦の役なり）、すべて六、七人の勢をもって日々二十円の売上げをなす。野菜魚類ならびに飯米の仕込は主人の働らきをもって日々朝市より買い出しをなす。

これらは飯食店の中にても、まず中の上に位して融通も利き体裁もさほど見苦しか

下等飲食店庖厨不潔

らず、厨房整頓して甚だしき不潔を見ざるべしといえども、一段下って彼の安飯屋に到っては不潔乱暴殆んど名状すべからず。第一目に立つはその家にして、檐朽ち柱ゆがみて平長屋の板庇煤烟に舐られて黒ずみ、庖厨より揚る煤烟全家に漲ぎり渡って室内暗く（煙突の設け不完全にしてまた空気の流通する窓の穿ちなし）、殊に労働者の混雑に駆られて朝夕の掃除行届かざるをもって飯台の四隅塵芥に塗れ、天井裏は透き徹り壁は壊ずれに任せて修復するなく、なかんずく厨房の溷雑は実に伝染病の根源にして一面芥捨場を打拡げたるが如く、覿面に目立は土間の湿気にして、譬えば河獺を這わせたるが如く、狭隘なる地面、低き屋根裏、長屋続の便所、掃溜、井戸等みな一所に簇まって醭の生たる水桶、淤泥の沈澱したる盥、殊更下水は堰止られて洗い流しの疏通を妨げ、雨天の霤滴破窓を沿いて滴々台所に零るなど、およそ世に不潔といえるほどの不潔は悉皆茲に集めたるが如く、蓮根、芋、筍子の皮、鰯、鯖、鮪等の敗肉はみな一所に掃溜めて数日間も厨房の片隅に寝かし、それより発する臭気、移り香、蒸発する厨婢の体臭、海布のごとき着物被たる下男、味噌桶より這い出したるが如き給仕女、頭髪を梳きて幽霊の如き顔せる主婦、病牀において食事する家娘、酔漢、恫喝男、貪食者等をもって終日喧声涌が如きこの最下等飲食店は、浅草、芝辺の場末に最も多く三河町界隈比々みなこれなり。

しかして、これらの店は大抵、日に十二竈ないし十八竈（ひと竈に米三升）を炊き、煮しめ五百皿（一皿五厘あるいは一銭）、煮肴百皿、刺身五十皿、鍋類若干を売切る。但し這般の社会下等力役者の口腹に応じて饗供するものなれば、価を安くして数を売り多数の中より利益を見出さんとするにあれば、勢い廉直なる物品を仕入れて供給せざるべからざれば、第一まず食品の材料に物の新鮮なるを望むべからず。朝市の剰り物というほどにはあらざるも、都合よくば常にかくあれかしと冀うて例も物品の溢れたる方面より買い出し来る。即ち鮫の破肉一と籠三貫に買い出してこれを大概皿百枚に盛り出す、一円の売上げなり。ある時は大鮪のかしら一頭を買い出して、刺身十枚、鍋五十そのほか小皿若干、五、六十銭の元にて三円以上に売り上ぐ。野蔬漬物またこの割合をもって売る。儲け悪きは鰭の付たる小魚の類なり、一尾一銭の品を煮て二銭には売りがたし。なおそのほか繁昌する飯屋においては飯米には利潤を見込まず、ようやく薪代と手数料を算当に立つるのみ、もっておおむね下等飯食店の経済を知るべし。

因に言う。下等力役者の常食とするはおおむね諸種の蔬菜にして、なかんずく切り干、豆腐殻、ぜんまい、蕨、胡蘿蔔、馬鈴薯、諸種の莢豆、およそ好んで需用するほどの野菜は廉価に供給され、一餐三銭以下の程度において満腹するを得る。糲饌麁菜〔粗末な食事〕加うるに調理法をもってせず、葷辛混合して食うに堪えずといえども、彼らにあってはこれが普通の御馳走にしてまた適宜なる嗜好たるべし。尤も彼らの朝餐には一汁一菜極めて淡薄なれども、晩餐には間々濃味の魚肉を呼びて口腹を肥やす。蛤蜊鍋、葱鮪等なり、しかして玆に彼らの境界においてすこぶる幸福なるは河豚の廉価なる事なり。彼ら常に言うを聞くに、そもそも河豚は魚族中第一等に位するほどの貴重なる味を持たるものなれども、普通の人はその有毒なるを懼れて食するもの稀なるより自然と市場に放擲さると。彼らの健啖なるよくこの険呑に打勝って肆ままに食するは乱暴とや言わん、けだし婪食者の常なり。

二十三　居酒屋の客

力役者が浪費する第一の個所は飯屋を除いて居酒屋なり。枡呑一杯、一呼吸、片菜を舐って立去る（俗に兜をキメルという）は急遽の時なり。彼らが車の梶棒を卸し悠々と布団を担ぎて入り込み、雨天、風烈、雪空にして往来に人影稀なりと見込む時、もしくは長堤一飛、過分の報酬を獲て嚢中福々なるときは、優然と臀腰を据えて酒杯を命じ、渇きたる口腹に醍醐を灌ぎて、もって彼らが娯楽とせる最一の華門を開放せざるべからず。華門は開かれたり、曰く缶壺に緑酒一斗、銀瓶、珠碟、鳳髄の羹は珊瑚の器に盛られ、熊掌の烹炙は瑠璃の皿に堆く、宮嬪三百、侍女三千、酒肉盤上の栄花、金殿綺寮の娯楽。懐顧すれば、昨夜は苦役の隷奴にして今朝はこれこの王公、風塵鎮長に華胥に遊ぶ盧生が一睡一瞬間の夢（中国の故事「邯鄲の夢」のこと）なれや。驟雨忽ち覚醒を促がして驚駭すれば、是はそも濁酒がなせる魔術なるならん。鳳凰の羹と思いし物は葱の汁にして龍髄の炰炙と思いしものは栄螺の坩焼なりけり。

居酒屋において車夫濁酒を飲む（一）

閑話休題。さるほどに労役者が余儀なくもこの快楽を翫弄(がんろう)して早朝深夜の差別なく、入り浸(びた)り飲み醸(ひた)りて泥酔を購(か)い濫費する事なかなかに熾(さかん)なるものなり。冬はシロウマと異名されたる濁酒(にごりざけ)、夏は焼酎(しょうちゅう)、いずれも辛烈苦渋の発酵物にして、銘酒を飲みつけたる口にはとても堪えざるべし。濁酒は一合二銭にして能(よ)く飲むものは一時に五本あるいは七本を傾(たお)す、中には衣類を典じて自狂呑(やけのみ)に十陶(ぼん)以上を傾かすものあり。それ故に濁酒屋(にごりさかや)の廛前(みせさき)は常に殻車(からぐるま)をもって塞(ふさ)がる。浅草、芝、神田等労役者の群屯(ぐんとん)せる所在に最も多く殊(こと)にその繁昌せるは〳〵醸造元にして、群集する時は日に一石(いっこく)以上を売る。煮菜煮肴(にしめさかな)を皿盛(さらもり)にして供給して五厘一銭

居酒屋において車夫濁酒を飲む（二）

に売る。元来濁酒は八朔以後の醸造にして厳冬三ケ月間をもって最も盛んなる時期とす。浸米十八日にして搾汁し急速に醸造して急激に酔わすの方法、これを製造家について質すに、元一石の白米を仕込みて三石五斗に絞り揚ぐ、即ち二石八斗水なり、これを今清酒の八斗水にして一石三斗絞りなるに比較せば、殆ど三倍水にして倍利なるを見る。飲食物中利液の潤沢なる物、濁酒に及ぶなしと、杜氏は言えり。焼酎は酒糟十二貫目をもって八升を蒸溜す。この内三升がアルコールの精分にして五升は尋常の水なり。これを混合して一杯一合のコップに注入して三銭に売る。ともに辛烈苦味他の醴醸なる物の比にあらず。

労役者はこの一時の激醸を購いて興奮剤となし、これによって暴力を出し無理労働をなし、またその労疲を医する一時の薬剤として身体を欺く。悉く健康の益たる能わず、狂水循環して血液を濫し、遂に癈疾に斃る。しかれども、その斃倒を見るまでは、これまたやむをえざる必要物にして、彼らがこれに憑って力行を励まし勢力を保存し、またある他の元気を勧誘して進略を促がすの奮剤となすなど、下層社会においては実に容易ならざる勢力物たるを知るべし。しかして、労役者のいかなる種類がこの店の上客たるかを実験せんと欲すれば殆どまた驚歎せざるを得ざるなり。請う左にその標本を記載せん。

一蓋五、六銭にて購わるべき饅頭笠は殆ど掃溜より拾われたるが如くに古び敝れ汚れたるを繕ろいて頭に戴き、一足二十銭にて買わるべき股引は海布の如くに壊れ千切て、巡査に咎められつつなお調達しがたき人物、一度一銭五厘にて剃刺され一度二銭五厘にて修理さるる頭髪は蓬の如くに乱れ、一領十二銭にて質受され一枚十五銭にて調達さるべき法被は、犢の襯衣〔下着〕の如くに汚れ垢付汗浸て臭気鼻を撲ち、行人に厭われ同輩に忌われつつなお修復しがたき人物、これその特別なる標本にして、常に店頭主人の探奇なる視線を免かれざる者。しかし、彼ら酒杯の盤上においては決して節倹ならず、瓶子三陶、膾酢二皿、常に陶然として財嚢を払底す。その他これに準じて不均合の性行ある各種の人物、敝れ毛布に包まれて昼は蝙蝠の如くに光線を竊び(但し格好なる労働衣なきがため)、日没より始めて外出する夜あかし車夫、泥龍の如くに頸を縮め土龍の如くに手足を痿めて行歩の自在ならざるが如き土方(厳寒薄衣のため体操活潑ならず)、老耄者、狂酔者等をもってその大部分を占めらる。しかしてまた、中にはこれをもって余儀なき義務の如く酒杯を唇頭に貼して顔をしかめ酷だしき辛酸を忍んで飲用する者あり。実に止むを得ざる催促に駆られたるが如し。

二十四　夜業車夫

徹夜の車夫を「ヨナシ」と唱えて晩景より仕度し一時過る頃まで夜を更すあり、あるいは九時頃より出でて払暁に帰宿するもあり、その夥伴決して少数にあらず。ある人の言うに、寝ざる東京五千人にしてそのうちに車夫は四千を占むると。実に大都の露店に通夜するもの千をもって数うべく、しかして車夫これに四倍す、あにまた寡少となすべけんや。けだし夜業は昼業よりも賃銀豊かにかつまた客を獲るに易く、時としては意外の報酬を得る事あって、彼らが営業の性質より希望する道楽心を満足さするに適合す。即ち「好き種」「好き鳥」「禽を羅る」「珠を逃がす」等の方言は彼ら社会における活潑なる通用詞にして、専心その獲物を掠奪せんとして夜冷を犯し闇冥を劈いて探究捜索する事すこぶる堪能なり（一睨一顧、当時の車夫が客を覘うは宛然探偵のごとし、看客すべからく誤解するなからん事を）。

しかしてこの寡からざる人数は、新橋ステーション近傍、京橋、鎧橋、万世、両国等の橋詰、浅草橋、雷門前、上野広小路、九段坂下、四ツ谷、牛込、赤坂等山手の見附、赤羽根、永代橋畔等四通八達の要路、北廓〔新吉原遊廓〕、南廓〔品川〕、新橋、柳橋等怪窟隘巷の出入口に屯集群簇して嫖客の来り命ずるを待つあり、または彷徨佇立人影を逐うて徐行随意なるあり。しかしてまた、あるいは辺鄙なる街道筋、小路、横町、淋しき辻角等寂寥なる場所に停車して茫然と客を待つあり。雨の夜、雪の晨、偶々歩行して見れば、彼らが往来の檐下に踞まりて人影の来り近づくを窺うの状を見留む。烈寒、雨湿、さても辛棒の強き、この寂寞なる天地に網を張りて何の鳥をかよく羅し得ん。無益迂闊なる所行ならんと思えど実際は必らずしも想像するほどの世界にはあらで、大都会の人事の多端なる、いかなる風烈、暴雨の夜といえども往来に用便の断絶する事なく、たとえ深更徹して天籟呼吸を屏め人畜共に眠って街上に物影を認見せざる時といえども、なお交通神の魔力は活動して、甲所より乙所に伝わり、丙の家より丁の家に、某町より某町まで鴉の立が如く流星の飛ぶが如く、椿の零

檐下に車夫徹夜

るが如く電光の閃めくが如く、陰霾〔暗闇〕を縫うて卒然偶然に跫音響き人影現われて彼らの営業に追随す。

これ実に大都会奇特の恩恵にして彼ら営業者のよって立つところ、寒夜は股間に灯燈を挟みて暖を採り、夏は幌の裡に一睡を催うして払暁を待ち、雨には簷下に佇立して毛布を頸より捲おろし、かくして些かに冷気雨湿を凌ぎ、客あれば急速袢纏を解きて趨る。路泥濘にして歩に艱む時、あるいは雨脚傾斜して通行困難を感ずる時は、即ち彼らが不意の獲物を射る時にして、十町走りて八銭、あるいは麹町より深川まで四十銭などいう価を請求するなり。しかしてまた時には嫖客のウタイコミて〔目的地を言って〕乗車

徹夜の屋台店

するあり、中央市場より遊廓に持ち込むは、過当の贐を恵投さるるの時なり。これをもって彼らはこの夜冷を犯して健康を害するにかかわらず通宵闇を縫うて行止、彷徨、客を待ち、獲物を尋索し歩くなり。

　しかしてまた彼らの稼ぎ方に二様あり、甲を「クロウト」といい乙を「シロウト」という。黒人稼ぎは即ち純粋の夜業仕にして一直線に例の獲物に着眼し、敢て短き距離、廉き賃銀に動かず、夜半に雑踏せる客は悉皆他に譲って最後の一、二客に留心傾倒するものなれば、時としては通宵一厘を稼がざる事あり。あるいは一時間に五十銭、雨天三日三円を稼ぐ事あり。気を焦せらず体を労せず悠然として獲物の呼吸を伺う、まことに黒人なり。白人はこれに反して夜半の雑沓客に着目し、焦心切息我先きにと乗車をすすめ新橋より本郷へ八銭、両国橋より赤坂へ十銭などいう禽を上客として分争し、五丁八丁十二丁の距離二銭三銭、五銭七銭等の端銭を集めて奔走、しばしば十二時ないし一時過る頃まで営業して退散す。その数無慮、薄暮往来に連絡して人肩を撃つもの方十町に千をもって数うべし。

おでん、煮込、大福餅、海苔巻、稲荷鮨、すいとん、蕎麦ガキ、雑煮、ウデアズキ、焼鳥、茶飯、餡カケ、饂飩、五目めし、燗酒、汁粉、甘酒等の屋台店はもっぱらにこの彼ら夜業の車夫によって立つもの。その要衝に当る者は毎夜二円より三円近くの食品を商う、利潤大約三割内外にして燗酒、煮込、切餅等その多きに居る。中に大傘を担ぎ出して天蓋を設らえ障子を建て廻し、僮婢四、五人を使役して、飯、天麩羅を炊き出して売るあり。この類の露店午後十時の通行において新橋より万世橋までの総計かつて八十六個を算えき。同じく十二時の通行において四十一個、更て午前二時の通行において二十三個を見残せり。即ち露廛六に対する二の徹夜なるを知る。

二十五　やどぐるま

華門盛楼の片庇、大廛宏肆の隘巷、密会所、割烹店、官宅、会社、扣邸の所在、近傍には必らずやどぐるま〔車宿で顧客を待つ人力車〕なるもののあるを見る。即ち車屋の部舎なり。店体縄簾を垂げ、行灯、腰障子に屋号を記して車台五、七輛、桐油十襲〔桐油合羽の重ね着〕、塗を光らし輪を磨き、真鍮バネ、ゴム幌、綿スコッチの膝掛、蹴込の敷皮、一輛の車台に十五円の装飾、紺の法被に白股引、血気熾んの壮漢五、六人、声に応じて威勢に駈け出す触込み仕事、路傍営業を意久地なしと嘲ける連中にして、南鍋町より目黒まで雨天三台壱両二分、平河町より墨堤へ五台、往復二円を大負の賃銭として纏頭を貪求し、昼食茶菓の御馳走に与かる夥伴なり。一ケ月三円の食料にて飯は喰放題、夜具襦袢を始め、股引法被の洗い濯ぎ、みな宿の世話に委す。あるいは夜徹し昼寐、不断は座敷に囲炉裏を切りて佐倉炭を焼き相互胡座して放言哄笑、同輩を呼ぶに亀公、源公をもってし、あるいは「エーオイ聴きねえ」または「ネーオイ見ねえ」などの冒頭をもって話説し、「チャブタラ、スカタン」などの術語を善し、巻煙草を咥え、骨牌を弄し、駁者廐丁に交際をもち、デロレン賽文〔門付けの説経祭文の一種〕を学ぶ。いわゆる車夫中の車夫にして純粋なる部屋ものなり。

家主の収納は大抵上り高の三割にして、一ケ月の平均において八、九十円に上るをまず上等の部屋なりとす。尤も正月と四月は例外なり。この内四、五十円を六、七名の稼ぎ高として配当し、余の三十円ないし三十五円を親方の収入に勘定して、歯代〔人力車の損料〕、器具の損料、炭、油その他の雑費に当るものなり。八官町、弓町等の銀座裏、平河町、隼町、赤坂田町辺は上部屋にして、みな得意先を有する古顔なり。されど、これらの上部屋は現今至て尠く、大抵はみな半触込み、半追駈にて殊に近年辻車の繁殖せしと賃銀の下落をもって宿車はやらず、よほど贅沢なる顧客にあらざれば申し込みなきが故に簷行灯のみにては営業立ち行きがたく、不断は大抵辻に出て営業するなり。輪代〔歯代〕として日に四銭を収む。五台の上り高平均五、六円、これに触れ込みの頭を刎ねて一ケ月の収益十円内外を親方の利潤とす。されば、なかなか車台を新調するの余裕なく、轄には泥付き泥除は剝げ、膝掛麁末にして蹴込に毛皮なく、一輛ようやく五、六円の品にて修繕物多く装束また新しかるを得ず。

しかして、その貧窶なるに至っては宿の体裁、畳は壊れ庭は朽、当坐帳は鼻紙にて綴、炉辺に薪を焼き、膳椀破れ、かつ寐所は二階に天井なく、煤烟藤のごとくに這下り、頭上低く棟梁傾斜し、座敷は撓みて踏ごたえなく、朝夕臥床を揚げず、障子を払わず、塵芥を掃なく、燐寸の燼しかす蠟燭の真、破れ布団の堆積ね、竹の皮、木枕の散乱、一面荒寥たる寝室に、あるいは横臥し、あるいは僵伏して、鮨、大福餅を喰い、あるいは円座鳩会して花がるた樗蒲一を闘かわし、猥褻を語り、妓楼の光景を演ずる様、ほぼ彼の土方部屋に髣髴せり。屋根代一銭、布団料一銭、端代〔歯代〕合して一ケ月一円八十銭を宿元へ納むる勘定なれども、多くは滞りを生じて厳促に遭い、三、四ケ月にして他へ転ずるを一般の風俗となす。

しかして、この類の労働者無慮一万、薄暮より出轅して午前一時まで、あるいは払暁の二時間と夜半の三時間だけ営業して日に二十銭より時としては三十七、八銭を収得し、また一厘も稼がざる事あり。食事は戸外においてし、日に七、八銭より二十銭まである時は遣い無ければ節倹し飲食に定度なし。あるいは下等講釈に立寄り緞帳芝居を覗き、同輩醵銭して快飲し賭場を開き、娼妓に費消し、もって年中着のみ着のまま、些の財物なく、四角なる帯一筋、格好なる下駄一足の蓄蔵もあらず。時には巻煙草を啣ゆるの口にして煙管の雁首はひしげ、カマス〔叺。刻み煙草などを入れる袋〕は敝れて粉を洩らし、いずれも婦人の擯斥を買わざるなきの身持、この如き者これみな部屋棲み車夫の境界なり。

二十六　老耄車夫

一円二十銭の家賃、四畳半に三尺の台所、家内四人の暮し、日に二十五銭の日計、これ中等なる世帯持にしていまだ甚だしく老耄せず。また甚しく小児を放擲して堕落の境界に逐わずといえども、一段下って年齢五十を過ぎ、頭禿し面皺して過激なる労働に耐得ず、終日営業して骨痛み、眼暈み、齲疼〔虫歯の疼痛〕、喘息を儲け、身体一面に膏薬、灸を点綴してようやく起つが如き者に至っては、妻は手内職せざれば店賃を補なう事能わず、娘は絵の具屋へ通勤せざれば菜を喰う事能わざるなり。卑湿せる隘巷に棲いて身を扁くせざれば通行出来ず、体を屈めざれば這入がたき家の檐は朽ち、庇は老媼の歯のごとく疎に抜け、日光蔽遮されて室内暗く宛然麴窩のごとき棲居。古葛籠、蓙、敝布団のほかには家産なく、土竈は癩のごとくに壊れ、畳の上被は常に荷馬の腹袍の如くに汚れても、これを新調するの資力なきなり。しかれども、これらなおいまだ一個の世帯持たるを失なわざるなり。下って彼六十にして車を挽き、六十八にしてなお労役に従事する者、実に養育院または救貧院に入るべく適当なる鰥夫の境界を見れば転た大都会の無慈悲を歎かざるを得ず。彼らのある者は実に憑

老耄車夫、壮士を乗せて走る

るべき親戚なく、また依るべき主家なく、元より一個の庖厨を立つるの資力なきが故に、貧なる羅宇屋煙管と同居し、または屑屋、下駄の歯入、飴菓子売などを合厨して、下谷万年町、四ツ谷鮫ケ橋または芝、麻布等の貧窟においても最後の取抜となりし頽廃堂に住居し、根板は頽れ、天井は霤滴に湿り、壁紙瀋を流して壁虎の足跡を印したる暗黒室に蟄居して眼光を燦つかせ、溜息を吐き、

「ハア、つまらねえつまらねえ、世の中はもう厭たちゅうに不思議はあるめえ。もう苦労するほどの物アねえぜ、苦労したちて一人前喰うほど稼げねえだ。店賃はガミガミ言われる、内の者には面倒がられる。車屋じゃ善顔して貸さない、こりゃもう頸で

も絓れよう。野郎め、屋根代ガミガミ言って見ろい。てめえの檐の下へつっ蹲んで犢鼻褌括り付てやるぞ。車屋の因業婆アめ、もしおれの車ア没収でもしやがると台所から這い蹲んで斃ばってやるぞ。篦棒めイ、六十八老爺イ知らねえかア。」

　暗黒室において怪しき眼の光、懶き溜息は、終日この如き妄想魂を韞みたる半身不随の廃体なり。さりながら、この廃体も始終値なき妄想界に沈没し居る訳にも参らざれば、気を取直して稼業に出ざるべからず。稼業？　いかにして往来人はこの廃骨を買うべきや。かつまた廃骨はいかにして往来にその労力を売るべきや。読者は看玉うべし、彼らが敝れ袢纏を被、古毛布を纏い、廃車の梶を握りつつ耄々として貧街の左右に彷徨低徊し居るを。彼ら偶々客を獲れば虫の這うごとくに歩み、三丁にして息を切らし、二丁にして腰を伸し、四、五丁にて気息奄々殆んど斃れんとするまでの苦痛を忍んで纔かに賃銀を獲、もって一椀の飯を口腹に補なう。しかして乗る者は老人婦女のみにあらず、時としては壮年血気の健脚者も賃銭の廉なるを見込て、この廃人を駆役す。世間の事態逆倒なるが如し。警視の取締りには元より厳重なる規則あり。しかれども、彼らこれをなさざれば饑死せざるを得ざるをもって、法被を借り代人を立てて表面の検査を済し、もって密かに営業するなり。我々は平日往来において彼らの苦労なき顔色、無恙き容態を見るといえども、是は一時彼らが日光の恩恵によって快闊なる蒼空を見たる気の晴によるのみ。踵を廻らして、その蝸廬を訪えば彼らの境界の実に妄想鬼たるを認識す。

二十七　生活の戦争

現今府下に営業人力車の数は六万台にして、その内二万は順番の休息車として控え、余の四万台は悉皆外出して運動するとの実算なれば、車夫一人の日計二十五銭に内算しても、彼らの労働者が日に一万円の賃銀を得ざる事には尋常に生活する能わざるなり。実に一万円、あたかもこれ東京人一同申し合せてその玄関に日当一万円の大車夫を抱え置くものに等し。抱え主は尋常にこの日給を下げ渡すべきや。車夫は尋常にこの賃銀を収得べきや。しかしてまた大都会は能くこの大車夫を真成に養い得るの力量あるや。我々をしてすべからく熟考なさしめよ。

都下三十万戸、百五十万の現住民が深川の米廩を喰い耗すこと四千五百石、人間の生命を維ぐべき最第一の要品にしてなお日に三万円を過ぎず。都人が乗車賃に払うもの実にこの三分一に居る。大衆百五十万中、一人として米を喰わざる者なく、ひと半晌米を廃する事能わざるべし。しかるに営業車を利用するもの世に幾人ありや。老人、小児、婦女子の大半、深窓の人、座業者、貴紳、しかして世に数多なる貧人、または馬車に乗る人等を除けば世間に営業人力車を利用する者まことに少数ならざるを得ず。これを今個人的に糺せば、茲に多忙なる事務者あり、毎日用便のために車代三十銭を払うて内十銭は鉄道馬車に投じたるものあり。鉄道馬車の繁昌は十目の見るところ、人力車は常にその営業を奪い去らるるが如き光景あってなお僅かに三百五十円の上り高に過ぎざるなり。

しかしてまた茲に普通の商人あり、商用にて神田より銀座に行き、銀座より深川へ用達して一日二十銭を人力車に払えり。しかれども是は毎日にあらず、三日もしくは五日に一度の乗用たるに過ぎず。しかしてまた茲に人あり、保養を思い立ちて忍ケ岡より金龍山、墨堤、亀井戸等へ足跡して当日の散財若干の内にて車賃三十銭を費したり。しかれどもこれ偶々霽たる晴和の好天気に乗じたる出遊のみ、一ケ月に三回ともあるべからず。

しかしてまた茲に人あり、朋友親戚への音問病気見舞等にて某区より某区へ旋って車賃若干を払えり。しかして世間の無沙汰は七十五日に一度の見舞、たとえ当日人力車の賃銭に十円を払うといえども一日に平均して車夫の懐中へ落る所は十二銭五厘に過ぎず。到底もって車夫を養うべきにあらず。音問者保養者寥々として元より車夫を養うに足らず。

しからば商人か、事務者か、都下の住民を平均してこの種の人物元来何ほどの数あるべきぞ。殊に眼前鉄道馬車の繁昌、林の如く人を積んで一日の上り高五百円に超ゆるを得ざるをもって比較せば彼らの営業は実に危からざるを得ず。都人はよく彼らに一万円の車賃を払い得るや、払わざれば彼らは餓死せざるを得ず、餓死せざらんと欲せば彼らは一万円を請求せざるべからず。これ実に現今の難問題にして、もって上下社会の平均を秤るべき権衡たるべく、かつもって下層社会生活のよって定まるところを見るべきの標準たらんか。請う、すべからく生活戦争の実境を開陳せん。

時刻は正午なり。両国橋畔の停車場に車夫簇まって語る、「コー小哥、昨夜は」「オラアあれから「ダリカン〔隠語で五十銭のこと〕」よ」。甲、乙に問うて曰く、「あれから其方どうした」「からもう意久地のネエあぶれよ」。丙、丁に私語して曰く、「おらあ酷かろう昨宵は「バンドウ〔八銭〕」だ」。甲は孔の穿きたる紅氈を腰部に纏い、丙は紺法被に白脚し、乙は敝れたる窄袖を着て襤褸股引を穿ち、丁は兵隊帽を頂きて駒背なり。一人は壮漢、一人は老耄、一人は肥満して豕のごとく、一人は貧瘠して蚊脚のごとし。あるいは禿頭夫、あるいは俊俏、饅頭蓋、鉢巻、大黒帽の頭格、手甲、袖襦袢、長股引、短脚衣等一様ならざる服装、不揃なる姿形、あるいは鋭き眼窩、魯鈍なる顔面、残酷なる容貌、俊秀なる眉目、野鄙なる人相、才慧なる眸神、あるいは扁鼻猫額または隆準清癯、あらゆる骨相の標本を集めたるが如きこの夥伴。乾は曰く、「どうです当今の閑な事は」。坤は語るらく、「私どもは先刻新橋まで買出に行ましたが彼地はまだひどうごす、橋から先は車で埋ってあるけない、龍閑町へ「セイナン〔七銭〕」の帰りで飯一杯無罪でげすテ」。巽は逐駈仕事の下落せしをいい、艮は停車場仕事の寂れたるを言う。「箆棒奴、赤坂へ三百で誰が行くものか、車屋さんは米の飯イ喰って稼せぐんだ。べらぼうめえ、東京の者は石の上の住居だ、水まで買て飲むのを知らねえか」。勤番者は悪口を吐きぬ、「亀の野郎めまた行きあがった、ほんとうに意久地のねえ瓢箪だ、帰って来たら胴骨打挫いてやろう」。亀の野郎は正直者なり、安値に仕事して仲間を除られぬ。「どうだ世帯持昨夜はシッカリ挣いだか」。世帯持は笑って点頭きぬ、「そうさ氷川へ「ドテジバ〔十二銭〕」、本郷へ「ドテゲン〔十五銭〕」、それから帰りに観音へ「ドテヤマ〔十八銭〕」」。「この畜生め」、夥伴は叫びぬ。

ある者は毎日の稼ぎ高に法螺を吹き、ある者は一ケ月五円の平均なる事を実説す。あるいは神田の歯代の高きをいい、あるいは上野の交番の厳酷きをいい、賃銭下落、損料不納、部屋放逐、あるいは無銭飲食、居酒屋不面体、または賭博に敗走したる事、金貸を倒したる事、無尽の当り損せし事、姦淫を遂げ得ざりし事、その他歎息すべき話説、放笑すべき問答、高尚らしき議論、鄙猥なる椿談の断続し、沸騰し、流伝し、渦溢し来るこの無壁の大集会は不知不識の間に変仄なる自家生活の実相を説明して風塵木石に吹聴す。いかに彼らの境界の閑散にして気楽なるかを見よ。

かかるところへ一人の紳士革鞄を提げて突然に顕わる。衆車夫は閑話を放擲して一斉に立上り、眼を鋭くしてこの紳士を見る。甲まず叫ぶ、「旦那参りましょう」、続いて乙言う、「旦那御安く」、丙は近づきて、「紳士何方様」、丁は突進して「紳士御都合まで」、紳士は彼らを顧みて一睨しぬ。甲乙丙丁一斉に躍り立って進み口を揃えて、「貴紳何処様」、紳士は一言す、「衆議院」、「畏こまり」、バタバタガラガラと甲乙丙丁戊己庚辛、我れ先きにと空車を引ずり出して、紳士の八方四面より轅棒さし向く、紳士は当惑して唖然たり。

畜生め、篦棒め、己が先だ、何を吐す、糞でも喰え、野郎張倒すぞ、巫山戯あがんな瓢助め、ガラガラバタバタ旦那参りましょう、何をぬかすこの畜生、己れが先だい篦棒め、旦那参ります、糞でも喰え、胴突倒すぞ瓢箪野郎め、旦那参ります、旦那々々、一面の光景まさにこれ戦争なり。

二十八　下層の噴火線

利益は上に壟断されて下層に金銭の流液するなく、賃銀廉、稼業閑、労働者は既に絶体してまさに絶命に陥入らんとす。彼らの夥伴にはこれを予防するの策ありや。いかに彼らの思想彼らの智識、いかに彼らの卓絶せる見解、いかに彼らの高尚なる議論、彼ら労役者には元より社会的の思想あるなし。但し追究すれば、これなきにもあらずといえども、彼らは世間の事よりもまず第一自家の生計に忙がし。彼らは日に三十五銭の賃銭を得れば、東京の未来がいかに進歩しいかに退却するも別に痛心するところあらざるなり。

しかれども、また中には自家営業上の困難より帰納して、乗客の種類、車台の数、物価賃銀の比較、世間の購買力、節倹あるいは奢侈の程度等、尤も近浅なる智識を篩い出して憂心顧慮するものなきにあらず。曰く六万の車台、曰く五万の労役者、曰く二十五銭の生活費、曰く一万円の賃銀。東京は東京自身運動するの歩行もしくは奔走のために毎日一万円を払わざるべからざる無契約の抵当品を負債す、東京人はよくこの抵当品の利済をなすべきや。一刻一秒時たりとも利済の怠慢をなさば饑たる債主は

懐中と相談、乗らぬ気七分の客人

速かに厳促せん。実に厳促して請求し得ざれば止まず。試に見よ、少しく小奇麗なる衣裳を着、少しく艶ある羽織、少しく贅沢なる履物を穿ち、または蝙蝠傘、帽、革嚢等を提さえて街衢に立てば、飢えたる債鬼は往来の八方より群がり集って、厳談督促我れを争うて追随請願、あたかも戦争場のごとくなるにあらずや。実に厳重なる貸金催促といわずして何ぞ。巧慧なる一人の車夫は言えり、当今の追駆仕事は乗らるるにあらずして乗せるにありと。怜悧なる一人の労働者はいえり、現今の客は乗る気三分にして乗らぬ気七分なりと。実に然り、三分の乗る気はありても懐嚢と相談すれば到底七分の乗らぬ気に勝たれざるを得ず。しかるを巧慧なる車夫これに追随して巧言令色百方請願ようやく口説落してこれを乗す。乗せたるところは立派な客なれども元来七分は乗らぬ気の種なり。怜悧は客の内懐を察し、巧慧はこれを口説落す、二者合体し百怜千慧して始めて一人の客を獲る。これ実に現今追駆仕事の実況にして、都下八千二百杭の停車場、いずれの場所に持ち行きいかなる車夫に聞かすも、これを虚言なりとて屛くる者はあるべからず。これあに真成の営業ならんや。必要をもって起りたる営業ならんや。大都会が養うべき力量あって養い得たるの抱え車夫なるを得んや。

以上は元より記者の偶感にして一家の管見論たるに過ずといえども、衆くの労働者はこの奇想を翫味して善後の良策を講ずるの智識を揮ず、ただ一随に目前の少慧に拘泥して、曰く鉄道馬車倒すべし、曰く円太郎馬車〔乗合馬車〕廃すべし、曰く歯代を廉価にすべし、曰く巡査の制裁を寛宥にすべしと。ああこれ何事ぞ、鉄道馬車の収納高、彼らが生活費の総計より見れば実に些々たるものなり。しかれども、彼らはこれを的面のカタキとしてすこぶる念頭を煩わす。彼らは時々刻々この長蛇のために自家の営業を掠奪されて裕かなる稼業を貧乏にされ、豊饒なる地面を砂漠にさるるが如くに感じて常にこれを撤回せざるべからざるをいう。しかれども思え、長蛇の収納は三百五十円にあらずや、全然これを倒したりとて彼らの財嚢に幾何のものを益べき。彼らの総数に配当せば実に一銭貨にも満たざるの数のみ。しかれども、彼らは時々刻々自家の商売ガタキを目撃して五銭十銭あるいは日に稼ぐべきの半額、全額を攫み去られしものの如くに感じて、寄るところ、触るところにおいて切歯扼腕して語る。然り、彼らの同輩は明にこの長蛇を妨害視して一揆、暴動なおもってこれを転覆し去らん事に同意を表す。しかれども、彼らの夥伴には発頭人、巨魁たるべき人物なく、しかしてまた彼らの社会には檄文、集会、団結、同盟等の器械的勢力もしくは精神的運動力においてすこぶる微弱なり。彼らは銘々の意志においてすこぶる発動あり。しかれども、これを概括したる威力に乏し。彼らは五指の交弾力あって、しかして一拳の大勢力なし。故に彼らの憤焔は天を衝べき噴火山の頭上にあらずして、常に山腹または海底の下層においてあるを見る。

いかに利益の壟断、下層の噴火熱はいまだ噴火山脈の径道を探り得ずして、なお地下に混乱融液するの状を見る。勿論彼らの社会には事に臨んで団結するの粘着力に乏しきは瞭かなり。しかれども、玆に鉄道馬車あるいはガタクリ馬車にして、日に三千円ないし五千円の収納をなして、営業上屹然彼らの勁敵をなさば、あるいは彼らも全身を挺して同盟団結しもって勁敵を倒すの策を講ずるに至らんも料るべからず。されど何をいうにも、馬車賃合算して僅か千円にも満たざるの収入なれば、これを倒したりとて格別彼らの財嚢に豊なる配当あるとも見えねば、進んで事を企つも愚の至りなりとて手を控ゆるものなりとは聡明なる馬車会社の説なり。聴けばなるほど利益壟断というも強ち大きく言うほどの事にもあらざらんか。しかれども、下層の融液は苦熱の度を加うに随って発作し、突然意外の処に沸騰するの奇観あるべし。馬車会社は一個眇然たる山形に過ぎざるべしといえども、彼らのためには危険なる火山質にして、あたかもその火導脈に当り居るもののごとし。

閑話休題。

噴火なき下層の苦熱いかに混乱を極むるよ。一日記者は彼らの営業について実際の景況を見届けんと欲して一車夫に追随せり。彼ら営業者は常に買出しと唱えて辺鄙なる住所より繁華なる場所に向けて空車を輓出すを例とせり。即ち本所二ツ目、三ツ目、割下水、亀島町、太平町等の裏屋に住う車夫は重に両国、相生町通りに出輳し、谷中、根津、堂前、稲荷町辺の僻在に住する者は上野広小路、山下、雷門前、吾妻橋等の繁華に向け、外神田一面、下谷の車夫は万代橋へ、深川に住する者は江戸橋、鎧橋、小網町、小舟、蠣殻、水天宮の近傍、人形町一帯の繁昌地へ向け、その他、芝、赤坂に住するものは新橋へ、麻布に住するものは赤羽根、三田へ。それぞれ最寄の繁栄、人脚の絡繹する方面へ向けて出輳し、あるいは彷徨客を逐い、佇立四顧し、もしくは停車休息して四辺の閑喧を伺い、群集の内より客を見出して辞を低くするにあり。しかしながら、客の多き処はまた同業者衆く、車輛街道に連絡して往来紛糾し、いわゆる善き鳥好き種も数多き歯に撲かって微塵となり（歯にぶつかるとは車夫が客を附る事、微塵とは賃銭の粉韲されしをいう、みな彼ら社会の隠語也）、小用の客、大半鉄道馬車に奪い去らるるの馬車価となり、または影繁き巡査の見張、我楽多馬車の蹂躙、その他繁華に伴うて出没する種々の塵影に妨げられて安穏に営業するを得ざるなり。あるいは金比羅、水天宮の縁日、観音の開帳、墨堤の花、上野、芝山内等の公園において事あるの日、もしくは酉の市、恵方参り等、衣香、帽影の群集する方角を慕うて轅を向くるも、同じく雑遝に遮ぎられ蹂まれて充分なる稼業なす事能わずして溢れ帰る者多し。素人、正直者、老耄、気の鈍き者総じて然り。しかして、繁華の場所、要衝、枢区においては常に残忍なる同類の噬囓を見る。

一日素人車夫轅を握って突然買出しに向えり。往来の雑沓元より好客を獲事能わず、屈托して左右睇視するに、あたかも好し新橋のステーションに汽車の来着したる模様あり、これ幸機と空車を絞って急ぎ停車場に向い、蟻の垤を壊したるが如くに群集の浪立て来る前に轅を差向くれば、果然手荷物を携たる一個の福客眼ざして乗車しぬ。獲たり慧こし、好き禽、好き種、神機妙算と喜びつつ梶棒をさし上げてまさに発

客を争うて車夫喧嘩す

程せんとする後より「野郎待て」と歯を喰い止める者あり、彼れ驚怪みて見れば、これ同じく一個の車夫なり。何事と思う間にまた一人背後より突然顕われて彼の頭上に痛く一拳を加え、「泥棒奴」「何処からうせあがった、車ぶち破してしまうぞ」、権幕鋭く、残酷なる面相に泥棒呼われながら、彼れなおいまだその所以を暁らず。「この野郎太い野郎だ、さあ楫を卸さぬか、箆棒め二十両の株だい。テメエたちに横領されてたまるものか」「面ア見あがれ、このヌスト野郎め」「覚えてやがって今度うせあがったら、ドテッ骨なぐり飛すぞ」「この瓢助奴」。実に停車場は二十円の敷金なり。彼れようやくその所以を悟り争う力もなく悄々として立去り、向うの停車標を見て楫を卸しぬ。「オイオイ若い衆どうしたんだ、そこへ腰を掛るなら気の毒ながら三両持って来な」、ハッと彼はまた駭きて振返りぬ。「否なら除ない、そこはオマイ等の腰をかける処じゃねえぞ、この寐ぼけ野郎、顔でも洗って来あがれ」。これは飛だ処、所詮迷誤突場処にあらずと、また窩轂を曳ずりて往来に出掛、彳立して茫然と睇むる眼の前へ忽然一客顕われて、「九段坂まで廉く行かないか」「ハイ畏こまりました」と楫を卸して倉皇乗せんとする所へ、後ろより俊悄なる一壮夫ガラガラと曳ずり来りて、「旦那参ります」と楫を下す。「イヤ爾はなるまい」「何を吐すこの野郎、オイラがコサイタ客だい、篦棒め、愚図々々吐しあがると張り倒すぞ」、鷙悍なる車夫は暴言乱奪して咄嗟の間に走り去れり。彼は唖然として後影を打睇め居りぬ。「コラコラ何故往来の中央へ鵠立って居るか、どこだ、免許証を出せ、いつ車を輓き始めた、何、女房が死殁てどうした、イカンぞ、処分を被せてやろうか」。彼はただ叩頭平身するのみ。

いかに憫然なる労役者が他の呑噬に遭うよ、しかして、軽捷なる者は如何、読者すべからく、彼らの営業圏について注目せよ。一車夫飛び来って行人の背後より、「旦那参りましょう」。他の車夫疾睨して、「何をしやがる停車場の前で」「停車場がどうした盲録め」「こん畜生太い野郎だ、サア交番へ来い」「篦棒め交番も明番もあるものか、サア旦那召(めし)て下さい」「ウヌ生意気吐(ぬか)しあがる、擲(なぐ)り倒すぞ」「何だ擲る、この野郎め」、ついに乱拳、殴打、撲闘を見る。

二十九　車夫の食物(しょくもつ)

現今東京の車夫社会の食物を、高貴の人、深窓の人、または様子知らぬ山奥の人々の見もし聞(きき)もせば、いかに驚ろく事ならん。さりとて彼(かの)先生たち敢(あえ)て蜈蚣(むかで)を食うにあらず、蟒蛇(うわばみ)を喰うにあらずといえども、尋常人の眼に映じて何となく不思議ならざるを得ず。両国橋の夷餅(えびすもち)、剛飯(こわめし)、浅草橋、馬喰町(ばくろちょう)のぶっかけ飯(めし)、鎧橋(よろいばし)の力鮨(ちからずし)、八丁堀(はっちょうぼり)の馬肉飯、新橋、久保町の田舎蕎麦(いなかそば)、深川飯(ふかがわめし)、これらは彼(か)の先生たちの最も便利とする食物店にして、風塵一飛(ふうじんいっぴ)額上の汗を拭(ふき)つつ玆(ここ)へ立寄(たちより)て、一眼は往来を看詰(みつ)め一眼は食器を見詰めて箸(はし)と茶碗を持(もち)ながら四辺(あたり)を視顧(しこ)して客に注意し、よき鳥あらば食事の間も遁(のが)さずと鋭敏なる神経を峙(そばた)てつつ匆々(そうそう)に食いおわって箸(はし)を撒(な)げ、食道のいまだ調(とと)わざるに踵(くびす)は既に旋(めぐ)って客に追随する事一丁、今飯屋の前に立ち居しかと思えば、身は既に三十丁の処に飛び来って休息し居るを見る。これ実に路上稼人(かじん)の営業法にして、かくせざればもって賃銀を積(つむ)事能(あた)わざるが故なり。試(こころみ)に今彼らが便利とする食

下等社会の食物店

品につき昨今流行する物二、三種を撰(えらび)て登録せん。

丸三蕎麦——これは小麦の二番粉(こ)と蕎麦の三番粉を混じて打出したる粗製の蕎麦なり。擂鉢(すりばち)の如き丼(どんぶり)に山の如く盛出(もりだ)して、価一銭五厘、尋常の人なれば一碗にして、ひと晌下(かたげ)の腹を支(ささ)ゆるに足るべし。

深川飯——これはバカ〔馬鹿貝。あおやぎ〕のむきみに葱(ねぎ)を刻み入れて熟烹(にくたら)し、客来れば白飯(めし)を丼に盛りてその上へかけて出す即席料理なり。一碗同じく一銭五厘、尋常の人には磯臭き匂(にお)いして食うに堪えざるが如しといえども、彼(か)の社会においては冬日尤(もっと)も簡易なる飲食店として大(おおい)に繁昌せり。

馬肉飯——これは甚だ風韻を損じたる名目なれども、現今下等食店中第一の盛景をもって賑わう。料理の法は深川飯と同じ按排なれども、その種は馬肉の骨附をコソゲ落したるものなれば、非常なる膏膩の香強く鼻を撲て喰うべからざるが如し。一杯一銭にして健啖なる労働者は嗜みて三、四杯を襲ぬ。

煮込——これは労働者の滋養食にして種は屠牛場の臓腑、肝、膀胱、あるいは舌筋等を買い出してこれを細かに切り、片臠となして田楽のごとく貫串し、醤油に味噌を混じたる汁にて煮込みし者なり。一串二厘にして嗜み喰うものは立ながら二十串をたいらぐるを見る。腥臭鼻辺に近くべからず。牲味異にしてとても常人の口に容べからず。加うるにその調理法の不潔なる、烹汁に血液を混じて煮出となし、あたかも籠城糧竭たる窮卒が人肉を屠り煮るが如く見えて悚然たる心地す。しかれども夥伴はこれを食わざれば真成の車夫肌にあらざるが如くに心得て、いずれも嗜み啖う事甚し。しかして、これを煮売者はまたいずれも片輪の如き廃人にして、元より貧窟の老耄なれば、塩梅するに完全なる器具を有せず。鍋は古銅鉄屋に十年も曝されたるが如き破器にて渋く鏽付き、我楽多屋の檐下に雨曝しとなりし下駄箱の砕けたるを僅かに補ろいて鍋を支う。これを見て思えば、世に塵芥として棄る物は一つもなきか。天下の広き道具屋の店には、鍋、釜、盤台の完全なる物、山の如く積れて朝夕の始末に困じ、しかも当分これを購求する客人なく、年々歳々雨ざらしとなって廃り往なるに。

焼鳥――煮込と同じく滋養品として力役者の嗜み喰う物。シャモ屋の庖厨より買出したる鳥の臓物を按排して蒲焼にしたる物なり。一串三厘より五厘、香ばしき匂い忘れがたしとて先生たちは蟻のごとくに麕って賞翫す。

田舎団子――饂飩粉を捏て蒸焼にし、これに洋蜜またはキナ粉を塗したる物。舌障り悪くしてとても喉咽を通る品にあらず。もし誤まって食えば沸騰散の四、五杯も傾けざれば消化しがたき心地す。しかれども、健胃なる労働者はこれを中食の代用として微かなる草鞋銭を蓄積するなり。

三十　下等飲食店第一の顧客

下等飲食店なかんずく飯屋居酒屋は、浅草、神田、芝辺に最も多く、みな労働者の飲食によって立つ。第一に繁昌するは両国近傍にして所在に群集屯簇せる車夫小商人、往来を忙ぐ諸種の細民、労働者の立餐を待ちて黎明より炊烹を急ぎ、晩の十時ないし十一時過ぎまでは入替り立ち替る客人の混雑をもって店前常に狼藉を致す。こわ飯、饂飩、からみ餅、牛肉煮込そのほか馬肉飯はその看板を赤く彩り、深川飯、丸三

の田舎蕎麦、天麩羅蕎麦等算うるに遑あらず。なかんずく一膳飯屋は神田三河町辺に最も多く、方三町内に十五、六軒を算え得べし。下谷竹町の新開市、万代、和泉橋の近傍、八丁堀岡崎町、向う両国、本所二ツ目通り等、車夫労役者の群集に近き所はみな這般の廛軒をもって満され、縄暖簾、檐行灯に安売の招牌を掲げ出す。

飲食店における第一の顧客は車夫、土方にして、彼らの独身者は総て往来において稼ぎたる銭を往来に撒き捐てるを例常とするものなれば、一年一日のごとく元旦の曙ぼのより大晦日の徹夜に至るまで、祭日弔日の差別なく通じて、このめし屋において飲食する習慣なり。されば、労働者にして顔の古きものは到る処の飲食店に昵懇あって多少の便宜を有すべきはずなれども、実際において然らず、一切初面識の応対にして馴染の極めて薄きはさすがに大都会商売なり。

さて彼の人力車夫輩が飲食店において散財するの状如何を見るに、元よりその稼ぎ高の数は知れたるものなれども彼らの過半は敢て身に美服を着けんとの望みはなく、勿論高尚なる思念を養なわん意もなく、ただ野鄙なる保養によって身を楽しましむるのほかには一意飲食の慾あるのみなれば、日に稼ぎては飲み稼ぎては食うの忙がわしき。随ってその方面に当る飯屋居酒屋が彼らのバラセン（散財する金銭）を摑む事の夥ただしきをもって、彼の下婢童僕は鋭敏に彼ら散財者の運命を予言す。即ち一車夫早朝に縄暖簾を潜って入る。童僕推すらく彼は払暁両国より客を乗て新橋まで走れり、しかして帰路京橋より茲まで五銭の返り仕事を曳き来る、彼の財嚢は少くも十二銭をもって満さる、彼れ今朝幾何の奢侈をすか試みに験一験せんと。車夫先生果して色あり、彼れは払暁の仕事にひと汗かきて手巾を絞りつつ片手に布団と煙草袋を提て醬油樽に腰を掛けぬ。傍側を見れば二、三の土方既に喫了して立たんとするところ、向うには四角なる着物（労働者と違いて袖のある衣服）を着たる、思うに軽業師の親方らしき男、何処かの帰りに立ち寄りしものと見えて朝餐より既に五、六本の燗徳利を膳部に供えて顔に微醺を呈し居る。その傍にまた車力の女房らしき者、五、六才の小児を伴い来って頻りに貪り食する体、しかして数多の醤油樽を積み重ねたる小暗き片蔭に赤毛布の破衣を纏いて狗の如くに踞くまり孤鼠々々と食する老爺あり。彼れの顔は黄色に脹て甚だしく不健康の相を現わし、彼の足は蹌踉きて殆んど体を支うに堪えざるが如し。思うに彼れは夜曳車なるべし（前に記せし白昼は敝廬に蟄伏して日光を見ず、夜間露にうたれて身体の精気を失うたる夜業車夫なり）。

新たに入来りたる彼の車夫は汁と煮しめを命じて喫飯にかかりぬ。童僕は彼れの財嚢の裕なるを知りて、殊更にひと皿二銭の煮肴、ひと皿三銭の刺身のあるを叫びぬ。しかれども、彼れは黙して応ぜざりき。間もなくまた一人の車夫入り来れり。童僕は声を涸らして精進魚類を読みあげぬ。車夫は刺身を命じて膳を囲みぬ。引続いてまた一人来り河豚鍋を命じて胡座をかきぬ。河豚鍋と刺身に挟まれたる前の車夫は終に発言して命じたり。果して然り、彼れは贅沢なる食品に囲まれて余儀なく過分の朝餐をなし、飯六碗に一汁三菜、五銭八厘を勘定せざるべからざる運命に迫れり。彼らは朝餐においてかくの如し。中食はいかなるべきや、晩食には幾何の価を払うべきや。しかれども想像するを廃めよ。彼らは朝餐の後において都合よき仕事なく、午炮過ぎて一銭を稼がず、薄暮僅かに十町走って二銭貨を獲たるのみ。憐むべし、彼らの中食は馬飯二杯なり、彼らの晩餐は切餅一片なり。

三十一　飲食店の下婢

一円半の給料と二季に唐綫の着物を恵まるる者と同じく奉公人なれども、彼らには倍もしくは三倍の労あるべし。年齢十五、六より二十前後みな都人なれども、中に庖厨を働らく者は骨幹逞ましく力量男子を凌ぐあり。月一回休日のほかは終日混合せる体臭の蒸発気中にあって供膳洗浣の労に服せざるべからず。その辛労とても柔しき婦人には耐えがたし、殊に彼らの難渋なるは冬時にして厳寒霜深く地を穿つの暁、彼らの指頭が暖まらざる臥床と間断なき肢足の粗づかいによって胼胝霜ヤケに脹、指針の働らきを失うて終に浣うべき食器浣われず。さらでも不潔なる飯台、糞汁を瀦したるが如くになる。廃屋、陋店、元より彼らの住居なり。坑夫、傭人、元より彼らの伴侶たり。彼ら厨婢の健全にして身元の慥かなる者は受宿より入りたるものなれども、中にはすこぶる不健全にして殆んど廃人の如き状貌の者あり。これらのある者は私生児、棄児等にして殆んど棄児院、養育院等へ入るべかりし者、ゆくりなく路人に拾われてようやく成長なせし不運薄命の記念物たるもの多し。

殊に留心凝眸すべきは彼らの境界にあっての臥床にして、臥床は実に人間衛生の基たるを忘るべからず。しかるに、本来彼らのためには臥床の設けあるなし。不断は泥酔せる客の座敷にして二、三畳に過ぎざる狭隘なる棚下を纔かに片付けて、駅馬の腹袍の如く垢づきたる夜具を耕牛の鞍衣の如くに汚れたる上畳に延べて、二人あるいは三人、四方より引合つつ甲女は乙女の臀に枕し、丙女は甲女の脇側に潜みて狗児の如くまた蚕児の如く、脚は伸ず手は拡がらず身体倶に胖ならず。これをもって身幹また尋常に伸びず、加うるに終日の疲労と不規則なる飲食の仕方と鄙湿なる住居、陰鬱なる動作によって体格の発育を妨げ、ある者は非常に肥満しある者は非常に貧瘠し、あるいは短脊にして幅太り、あるいは長脛にして項短くさながら画のポンチを見るが如く、しかしてまたその年齢は童顔にして三十歳を超えたるあり。蒼面乱髪、襤褸をまとい洗足して鵠立云為〔白鳥の立っているような言動〕、ただ器械的に発音行動するのみ。しかしてまた美顔優姿、温容曲折あって遣辞裕かに詞尊く、到底貧竈の産にあらざるが如き、人種混淆、験者は転た天公の懈怠なるを怪しみたりき。

　体格の発育云々については、かつて一車夫の浅草辺に住するありて朝暮の飲食を最寄の店においてするを例とせしが、一朝僥倖を獲て某貴顕に抱えられ、数年間外国の公館に奉仕して故国の空を夢に思いける後、程あって帰朝し、ふと彼の飯食店に立寄りけるに、さきに十四、五歳なる処女と思い居たりしその店の下婢、依然勤め続きて相変らざる容顔を見ることそ不思議なれ。浦嶋の子はその皺面像に駭きて玉手箱を投じたるに、彼女の童顔の今に変らざるこそ奇態なれと我れを怪しみて後ち、これを旧知に質せば、同じく彼の女の童顔を見ること既に十余年なりと語る。しからば彼女は最早四十に邇かるべし。齢人生の半を過ぎてなお童髱、奇体なりとて浮評せしが、これらの例は強ち下層社会の勾欄に凴らずして数うべし。

三十二　労働者考課状

銀行会社の営業に考課状あれば、車夫日雇の営業にもまた考課状なかるべからず。しかして、彼れには有給の簿記方あって営業の成績を精密に取調べて報告すれども、この社会においては元よりかかる事なし。しかれども彼も営業者なればこれもまた営業者なり、社会の責任いずくんぞこれを無調査にして措くべきものならんや。記者は一日彼らの簿記方となって調査するところあり。読者諸君強ち看て無益となすなかれ。合衆国の調査委員はこれが為めに毎月二百ページの大冊を編る。

一、一等車夫――これは年齢十八才以上三十五、六才までにして血気熾なる青年、かつ壮年の独身者、無病健脚、俗に鋼鉄ツクリという夥伴の一人について取調べたるものなり。

一、八　銭　上野より日本橋まで二十二丁の賃銭、乗客田舎紳士
一、十二銭　江戸橋より四谷まで三十丁の賃銭、乗客高等商人
一、二十銭　九段坂より亀井戸へ上下六十丁の賃銭、乗客令閨
一、五　銭　九段坂より京橋まで二十丁の賃銭、乗客青年事務家
一、二十銭　銀座より北廓まで四十五丁、乗客会社員但し深夜
　合六十五銭　丁数百七十七丁

但しこれは一ケ月一、二回の最も都合よき賃銀日を取調べたるにあれば、平日はこの半額以下にある事と知らざるべからず。

一、二等車夫――これは年齢三十才以上四、五十才までの労働人にして多くは妻子あり。体質老衰というほどにあらざるも少壮者の如く健脚疾走する事能わざる者の一人を調査したるものなり。

一、五　銭　両国より永代まで二十丁の賃銭、乗客商人
一、三　銭　深川より浜町まで十丁の賃銭、乗客細君
一、八　銭　鎧橋より虎の門まで二十八丁の賃、乗客会社員
一、四　銭　芝久保町より赤羽根まで、十五丁の賃、乗客令嬢

一、十　銭　新橋より本郷まで三十三丁の賃銭、乗客官吏

合三十銭　丁数百六丁

但しこれも三日に一度の好賃銀を調査したるにあれば毎日この割合なる能わず。

虚弱者――これは年齢六十歳前後の老衰者または羸弱にして力役に堪えざる半病人の中より調査したるものなり。

一、三　銭　万代橋より浅草まで十丁の賃、乗客職人

一、二　銭　上野より観音まで八丁の賃、乗客老婆

一、四　銭　観音より本所まで二十丁の賃、乗客農民

一、二銭五厘　両国より観音まで十四丁、乗客老爺

一、三　銭　和泉橋より水天宮まで十三丁、乗客婦人

一、二　銭　神田より両国まで六丁の賃銀、乗客商人

合十六銭五厘　丁数七十一丁

老耄者の営業は大抵かくの如く、彼らは壮年の如く好き客を掴む事能わず、また掴んでも充分なる賃銀を得て走る事能わず、僅かに壮年車夫の放擲したる禽を拾いて乗客となすなり。彼らは賃銀のほかに一銭もしくは五厘の増銭を乗客より恵まるる時は実に三拝九拝してその恩を謝するなり。いかに彼ら老耄車夫の憫然なるよ。しかして

記者はまた更に彼ら人数の多寡について調査するところありたり（表は千人に付ての比例なり）。

健脚者　二百
並　五百
虚弱者および老耄者　三百

但し警察署の簿冊面においては五十才以上の営業者割合に寡少なるが如しといえども、実地について調査すれば案外に老人多く、かつ年齢壮くしてなお病羸虚弱なる者甚だ寡からざるを見る。

三十三　日雇労役者の人数

浅草において阿部川町、松葉町より西方一帯の場末、下谷広徳寺裏町、神田における三河町、本所外手町以東の辺鄙、芝浜松町、深川における富岡八幡の近傍はいわゆる府下労働者の巣窟にして、そのほか各区の場末々々に散在居住する者また尠からず、一朝事あるに当っては区ごとに五、六百の人数を繰出すに差支えなしという。この大衆せる人数みなその親方なるものに隷属して、勝手に就業するを許されず。親方

労働者土石を運搬す、部屋頭これを指揮す

はこの社会の小隊長にして棟梁とも言い、また部屋頭とも言い、やや威権あって配下四、五十人を引率するをもって相当なる顔役となす。通例は部屋頭の上に受負師あり、受負師の上に会社あるを順序とすれども、時によっては会社より直ちに棟梁に依託する事あり、または会社も受負師もなくして部屋頭直ちに受負をなすことあり。

しかして、その仕事の重なるものは府庁の土木課より計較さるる道路の修繕、橋梁の架替、水道工事、溝浚え、逓信省の事業に属する電話機の架設、その諸官省諸会社の土木事業、町家の屋普請等にて、その仕事の大なるは内外用達会社または東郷組、そのほか日本橋槙町、材木町辺にある用達会社の手を経て受負師より持ち込む事あり、三菱、三井物産、安田、平沼等一会社の受負師に属して働らく者あり、なかんずく鎌倉河岸の葬儀社、小石川の彼得会社に属する者は通例百人内外なれども、葬儀社の如く臨時に数多の人夫を要する時は一時に千人、千五百人の夫役を二、三受負師、部屋頭の手より徴募する事あり。即ち某大臣の祭儀と某会社長の葬式か某遊廓主人の葬礼に会せし時などにて、府下の労役者過半白帳を着て日暮里に谷中に、青山に豊島ケ岡に、輿舁ぎ華持ちして扶役するの時なり。グランド将軍〔アメリカのグラント大統領。一八七九年に来日〕の来遊と憲法発布と岩崎弥太郎氏の葬式とは十年戦争〔西南戦争〕以来殆んど彼ら人夫の締切日にして彼ら人夫の払底を告げたる時、彼らの財嚢に不時の実入のありし時なり。故に彼らはグランドと岩崎氏を忘れず憲法発布の再び来れかしと祈るも無理ならず。もって彼ら人数が太平の日においていかなる仕事をなしつつあるかの大概を知り玉うべし。

三十四　蓄妻者および独身

日雇仲間にて妻子あるものは、瘠世帯ながら家を持ちて裏店に蟄居し、日々の庖厨に事を欠きながらも一家の主人として世に立つなり。その日計をいえば日に二十銭、白米二升五合の代にして薪の高き折りには大把五束、これにて家族三人の口を育う。経済なる妻は襯衣、足袋底またはハンケチの縁縫して日掛四銭の屋賃の補足をなすものあり。または夥伴の一人二人を同居せしめて薪代あるいは炭油等の雑用を埋合すものあり。しかれども想像するを廃めよ。彼らの妻は大抵懶惰にして這般の小技術について丹念するを欲せず。同居人のある者は屋賃を溜め置て逃亡するが常例にして、結局は家主へ延滞をなして店退を請求さるるに終る。

これに反して気楽なるは独身者なり。これらの者には大抵部屋頭において住居を借し与う、即ちはまり込みなり。天井を張らざる二階の十畳あるいは十二畳の広間に五人ないし七、八人位を同居せしめて、夜具料（冬時といえども五布布団〔表裏とも五幅の布で仕立てた蒲団〕一枚、夏は敷薦なり）一銭と屋根代一銭を払わしむ。いずれも二十歳より三十前後の壮丁にして、神田三河町、芝浜松町辺に多し。暁鴉曙光を報じて人喧ようやく繁く、馬車荷車の音俄かに喧擾を加うるに当っては、夜来貪らんと欲せし彼らの臥床も無残に奪い去られて一瞬間綺夢の見残しを追懐するを許されず。僅に倦腕を撫しつつ枕頭を眺れば、夜前の濫食は竹の皮に残り、盤台はやがて蕎麦屋の請求を待ちて払わざるべからざるに、甲は昨夜講釈に行きて帰らず、乙は図部六に酔うて交番の厄介になり、五人の割前を三人の懐中にて弁償するなどの不始末、夥伴を通じて行わるるは土方部屋の常にて、阿部川町の裏長屋、下谷竹町辺の親方に属して鉄道荷物車の運搬に従事する者みなこれなり。彼らは日々一銭の屋根代と一銭の夜具料と草鞋代と湯銭と煙草銭とそのほか被衣股引等の切り替に用する金銭を尋常に計算する時は、働せぎ高の内にて飲食に費やすの甚だ尠きに至るを見るべし。しかれども、彼らは飲食店において時としては分外の奢侈をなし、またある娯楽に向って決して軽視すべからざる濫費をなす事あるなり。

数年前、いまだ都下に木賃宿の廃せられざりし時は、有妻独身の差別なく労役者の過半は玆に同住雑居して各自に世帯道具を所有し、十畳ないし十四、五畳のひと間に三家族もしくは五家族混合して一個の竈を五、七人ずつ組合にて使用し、甲家族は北の隅、乙家族は西の隅、丙は左側、丁は右側と、銘々座舗の片隅に陣取して飲食し、僅かに一脚の衝立または腰屏風の類をもって相互の庖厨を隠蔽し、やがて夜に入れば銘々の陣屋を撤して入来客の臥床に譲り、鼾声哈々たる傍らに喫飯啜汁するあり。あるいは小児の放尿一座を擾がすなど、終夜蚤虱に襲われて安眠するを得ざりしこの満目襤褸の社会、今那処に向って落ち行きけん。浅草松葉町、四ツ谷鮫ケ橋、芝新網等の裏店がけだしこれらの歓迎者たるべし。

三十五　夜店

大都会に夜店の繁昌するは何故かと唐突なる疑問を起されし時、一言もってこれに答うべき満足の辞は、譬え聡明なる頭脳をもてる人においてもなし能わざるところなり。記者は言わんとす、これ下等社会の購買力の夜に入って始めて振うところあるが故なりと。しかれどもこれ漠然たる言のみ。勿論下等社会の購買力は昼三分夜七分にして、主人薄暮に帰宅して屋を沽おせば、妻なるもの、それより外出して総ての日用品を調達するの習慣なり。しかれども、この単純なる道理到底もって広き夜店に適用すべきものにあらず。

ある商人の言うに、大都会に夜店の繁昌するは商人の時をセルが故なりと。それ大都会の商品には実物よりはむしろ時間に貴重なる価値を有す。朝売の新聞紙は一枚一銭五厘にして、夕刻には八厘、五厘、夜半に至ればこれが三枚一銭に捨る。勿論これは日刊の新聞紙に属する相庭なれども、一般の商品、都門において商なわるべき物品の総ては皆かくの如き運命を有するなり。青物市場における蔬菜の相庭は大抵午前八時に定まって十時に二割を落し、十一時半に到れば品物の種類によっては殆んど半価

夜店の植木屋

に放擲す。魚市においてもまた同じく夕河岸の品は朝に価を保たず。午前十時を過ぎては即ち例の宮物師に捨売す。ただ古着市場のみは朝夕の相庭においてさしたる変動なしといえども、その時節向きの品と不時節においては現金の取引するところ大略三割方の思い切あり。しかして、その時節の永続も決して十日間を越すべからざれば、古着商人の時をセルに緩慢なるべからず。屑屋の立場において蝙蝠傘のお払物を買入るに、冬の十二月より一月に掛ては一本僅か八、九厘の相場なれども、二月の末より三、四月に到れば同じ品にて一本三銭以上に登る。これ時節の到来に臨みたればなり。しかして、新意匠の泥孩、玻璃玉の如き玩弄品に到ってもまた同じく初日の縁日に顕れたる品の価は、第二第三の日において半価もしくは四半価に下落するの運命を有す。金魚、植木の類みな然り。翫具商人の一類また実に時をセラざるべからず。時をセルは畢竟価をセルの理にして、価の糶る処においては必らず物の繁昌を見る、これ自然の勢なり。夜店の繁昌するは商人の時をセルが故なりと、この言まことによし。すべからく記憶して後日の参考に供すべきなり。

東京に店を有する商賈万人あらば、店を有せざるの商賈もまた万人あり。夜店の商人は少なからざるを得ず。しかして、東京には数万軒の大店ありて年々歳々の商品の瑕疵物、棚晒し物殆んど毎日の如くに蔵の隅より掃出さる、夜店の商品は潤沢せざるを得ず。夜の東京に一段の賑いを催うすもの、また偶然にあらざるなり。

夜の東京第一の盛景は道具市として知られたる人形町の新開市なり。ここへ向けて商品を張もの、近きは浜町、大坂町、八丁堀一面の古道具商人あるいは深川、神田等に住して二、三十町の遠方より運び来るものも、また少なからず。その他銀座通り、神田須田町、浅草広小路、麻布十番、八丁堀岡崎町、深川森下町、外神田、本郷、四ツ谷、麹町等みな夜に入って街上一段の光を増す。縁日の大なるは蠣二〔蠣殻町二丁目〕の水天宮にして、人影の夥しきを見るはかつて東京第一の地となす。西は鎧橋より、米市場を横切って北の方、大坂町に至るまで一帯の往来みな露店をもって満さる、油焔漲ぎり渡って常に半宵を焦すの処たり。虎の門金比羅、鉄砲洲稲荷、深川不動、伝通院、麹町番町にある二七不動、小川町なる五十稲荷、具足町清正公、神楽坂毘沙門等まずその盛なるものとして知らる。

解説　明治期ロマン派文学の傑作

坪内祐三

松原岩五郎の『最暗黒の東京』は明治二十六（一八九三）年十一月、民友社から刊行された。

明治は幾つかの時期に分けられるが、その大きなエポックとなるのが明治二十二年だ。その年の二月、大日本帝国憲法が発布され、翌年十一月には第一回帝国議会が開会し、いよいよ近代国家としての形を成して行く。

その中心となったのが東京で、明治二十一年八月、「東京市区改正条例」という法令が発布され、官庁集中計画や丸ノ内（現丸の内）払い下げによる赤煉瓦オフィスビル街などが実現して行く。

すなわち首都としての立派な顔を持って行く。

しかしそれは、一方で、そのような立派な顔から排除された地域や人々も多く生み出して行った。

ところで、ここでメディアの方に注意を向けると、やはり明治二十二年前後が大きなエポックとなっている。

徳富蘇峰が民友社を興し、『国民之友』を創刊したのが明治二十年二月。『反省会雑誌』（のちの『中央公論』）が創刊されたのもこの年のことで、翌二十一年四月には政教社の雑誌『日本人』が創刊される。

松原岩五郎（慶応二・一八六六年生まれ）は苦学したのち、新進作家となり（当時の作品に『かくし妻』や『長者鑑』などがある）、明治二十五年、幸田露伴の推輓で国会新聞社に入社し、同じ年に国民新聞の記者となった。

『最暗黒之東京』の本文は入社直後から国民新聞に連載された。

松原岩五郎がこのような下層社会探訪を始めたのは二葉亭四迷（「浮雲」の中断以来の長い沈黙期に入ろうとしていた）の影響によるものと言われているが、社会学的視点を持った横山源之助の『日本之下層社会』（明治三十二年）と比べて、読み物的であると言える。

つまりノンフィクション小説の先駆的作品となっている。

だから、その文体に慣れてしまえば、現代の読者でも、その内容に引き込まれて行くだろう。

読み物的（小説的）と言えば日清戦争時の明治二十八年、いわゆる悲惨小説がブームとなる（代表的作家に広津柳浪や川上眉山ら——泉鏡花や樋口一葉も当初はその一派と見られていた）。だから『最暗黒の東京』を悲惨小説の先陣ととらえることも可能だ。

そのことに否定的なのが前田愛だ。優れた『最暗黒の東京』論である「獄舎のユートピア」（『都市空間のなかの文学』に収録）で前田愛は、こう述べている。

『最暗黒の東京』がさぐりあてた宇宙論的なひろがりをもった〈暗黒〉のイメージが、同時代の文学、たとえば悲惨小説や深刻小説の世界から孤立していることは、明治の文学史が抱えている大きな謎のひとつである。

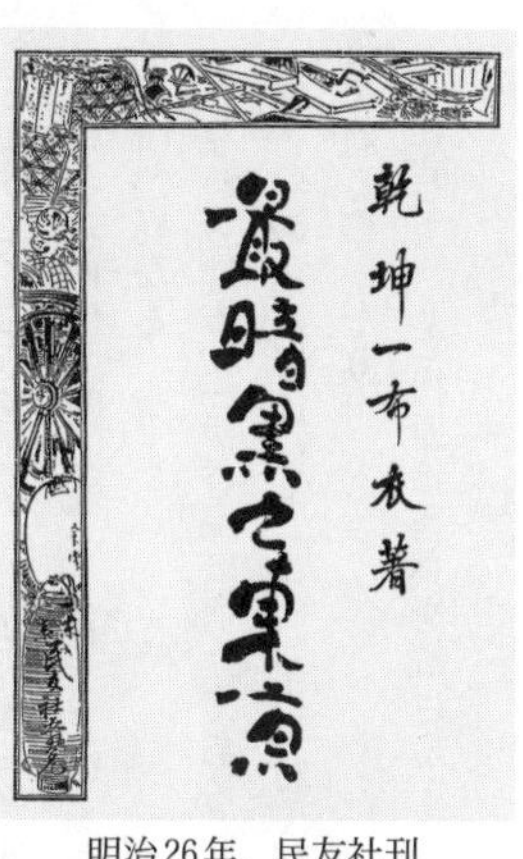

明治26年、民友社刊
『最暗黒之東京』表紙

ただし、この前田愛の発言には注釈が必要だ。ここで、『最暗黒の東京』の第二十章「最暗黒裡の怪物」（全三十五章の内「最暗黒」という言葉が章題に含まれているのはこの章だけ）を、山口昌男の「中心と周縁」論で分析したのち、このように結論づけていたのだ。

しかし、この作品を一読した読者ならわ

かるように、この章はこの作品の中で異質なのだ。

東京さらには大阪（第十三章）といった都市部のルポが続けられて行く中で、この章だけは場所が異なる。

すなわち地方、「伊香保の宿」であるのだ。

伊香保の宿は崖地にあって、下に行くほど、文字通り下層で、それらの家は「二六時中天日を看る事稀なり」。

「しかして」、と松原は言葉を続ける。

> この下層にまた下層あり、さてその最下層という処はいかなる有様にしてかつ何人の住する処なるかと見るに、まずその家は酒屋、蔬菜屋、荒物屋等下層の家の床下五尺ばかり穿ちたる土窖にして出入梯子をもってするべく、三尺の出入口は即ち天井の窓にして往来人の歩行する処なり。窖内は十畳ないし十二畳の広さにして四壁、板をもって囲みたる処、植物の新芽を萌し硅臭一室に瀰漫して窒気鼻に迫るの穴窟、近来世に最暗黒といえる文字猥りに利用されて世間その解説に苦しむ者多し。しかれども、形容ならざる最暗黒の生活は実に茲にしていかなる眼をもって見るも、茲を最暗黒の世界にあらずとする者あるべからず。

そして松原はその「土窖」の中で「眠食」する「痼疾ある癈人」たちを具体的に描写して行く（その描写は、現在の感覚では「差別」「偏見」とされる語が並んでおり、現代の新聞や雑誌そしてもちろん単行本でも不可能だろう）。

「近来世に最暗黒といえる文字猥りに利用されて」と松原は言う。

それは前田愛が説明してくれる。

「『最暗黒の東京』の視点は、一八八〇年代から九〇年代にかけてのイギリスで出版されたイーストエンドの記録から示唆をうけているように思われる」。すなわちジョージ・シムズの『貧民の生活と怖るべきロンドン』（一八八九年）、チャールズ・ブースの『ロンドン民衆の生活と労働』（一八八九年）、ウィリアム・ブースの『最暗黒の英国とその活路』（一八九〇年）などから。「このなかで同時代の日本の識者にすくなからぬ衝撃をもたらしたのは、『最暗黒の英国とその活路』であった。徳冨蘇峰が主宰する「国民之友」は、明治二十四年五月二十三日号と二十五年四月二十三日号の二回にわたってその紹介記事を掲載している」。

ブースがイーストエンドのシンボルとして選んだ〈暗黒〉のイメージはヘンリー・モルトン・スタンレイの『最暗黒のアフリカ』（一八九〇年）から示唆を受けたものだというが、この『最暗黒のアフリカ』は世界的ベストセラーとなり、刊行の三年後、すなわち『最暗黒之東京』が国民新聞に連載されていた明治二十六年、その邦訳（矢部新吉訳『闇黒亜非利加』）が博文館（当時の最大手出版社）から刊行されたという。

実際、スタンレイの名前は『最暗黒の東京』に登場する。

第十六章「座食」(座食とはいわゆる筍生活のこと)の冒頭を引く。


　座して喰えば山をも空し、一句これ老婆的慣用語にして業已に陳腐に属したるものなれども、その事実なる事はなおスタンレーが蛮国探検と共に一大事実たるを失わず。一家族が中等の階級より下等に落るの際、あるいは下等のある階級よりある階級に転ずるの際には、必らず彼の居食または売喰といえる一の事実を通じて歩むものにして……


下層者たちのルポルタージュ文学でありながら前田愛がこの作品を「悲惨小説や深刻小説」と認めなかったのは時にこの作品がユーモラスだったからだろう。

　実例を引く。

「最暗黒の東京」と題しながら、この作品は車夫(車引き)についてのルポが全体のおよそ三分の一を占める。

その中から第二十八章「下層の噴火線」の一節。

新橋駅前の敷金は二十円と高かったから、客の取り合いで車夫同士の喧嘩が絶えなかった。だから、ある若い車夫は「争う力もなく悄々として」その場を立ち去った。そして、「向うの停車標を見て楫を」おろした。

「オイオイ若い衆どうしたんだ、そこへ腰を掛けるなら気の毒ながら三両持って来な」、ハッと彼はまた駭きて振返りぬ。「否なら除ない、そこはオマイ等の腰をかける処じゃねえぞ、この寐ぼけ野郎、顔でも洗って来あがれ」。

他にもこの章あるいは二十七章「生活の戦争」にはコミカルな会話が次々と登場する。

ところで私はこの作品が国民新聞に連載され、民友社から刊行されたことに注目したい。民友社の社主徳富蘇峰は右翼のイメージが強いが、実は英語の達人で『杜甫と弥耳敦』という名著もある。

その蘇峰が若き日（すなわち民友社を設立した頃）、一番好んでいたのはイギリス・ロマン派の詩人たちだ。

民友社の人気シリーズに明治二十六年から刊行が始まった「十二文豪」があったけれど、中で特に当時の若者たちを夢中にさせたのが北村透谷の『エマルソン』、徳富蘆花の『トルストイ』、そして宮崎湖処子の『ヲルヅヲルス』だった。『最暗黒の東京』の第十七章「朝市」にこういう一節が登場する。

青物市場での「劇しき取引」を描写したのち。

この劇しき取引、過溢せる蔬菜、混雑せる人影、熱閙、雑沓、社会生活の群響の紛然雑然たる間において端なく予をして一瞬間ウォルゾロス〔ワーズワース〕に握手せしめたるものは、市場の一隅に尊く陳列されし晩秋の山菓なりき。地球の廻転が太陽系を逸して七十五日先駈せしが如く、新の柿および新の栗が半ば黄色に色を模様し、苔蘚を芽破して秋露を戴きたる初蕈と共に草苞の裡より露われしは、予が今朝、青物市場の眼に映じて、それがいかに珍らしくありしよ。

普通、ロマン派と言えば、美しいもののその美しさをうたい上げる、と思われがちだが、実は、卑近なものの美を感受するのもまたロマン派なのだ。

その意味でこの『最暗黒の東京』は明治期ロマン派文学の傑作なのだ。

そういえば明治のロマン派文学を代表する雑誌『文学界』が北村透谷や島崎藤村らによって創刊されたのもこの年、明治二十六年のことである。

（評論家）

松原岩五郎（まつばら　いわごろう）

1866－1935。明治時代のジャーナリスト。別名に二十三階堂、乾坤一布衣。伯耆国（現・鳥取県）に生まれ、最初は小説家を目指したが、1892年、国民新聞社に入社。二葉亭四迷や幸田露伴の影響を受け、東京の下層社会のルポルタージュを国民新聞に連載。のち、日清戦争に従軍記者として派遣された。

定価はカバーに表示してあります。

最暗黒の東京（さいあんこくのとうきょう）

松原岩五郎（まつばらいわごろう）

2015年２月10日　第１刷発行

発行者　鈴木　哲
発行所　株式会社講談社
東京都文京区音羽 2-12-21 〒112-8001
電話　編集部（03）5395-3512
販売部（03）5395-5817
業務部（03）5395-3615
装　幀　蟹江征治
印　刷　豊国印刷株式会社
製　本　株式会社国宝社
本文データ制作　講談社デジタル製作部

Printed in Japan

ISBN978-4-06-292281-4

「講談社学術文庫」の刊行に当たって

これは、学術をポケットに入れることをモットーとして生まれた文庫である。学術は少年の心を養い、成年の心を満たす。その学術がポケットにはいる形で、万人のものになることは、生涯教育をうたう現代の理想である。

こうした考え方は、学術を巨大な城のように見る世間の常識に反するかもしれない。また、一部の人たちからは、学術の権威をおとすものと非難されるかもしれない。しかし、それはいずれも学術の新しい在り方を解しないものといわざるをえない。

学術は、まず魔術への挑戦から始まった。やがて、いわゆる常識をつぎつぎに改めていった。学術の権威は、幾百年、幾千年にわたる、苦しい戦いの成果である。こうしてきずきあげられた城が、一見して近づきがたいものにうつるのは、そのためである。しかし、学術の権威を、その形の上だけで判断してはならない。その生成のあとをかえりみれば、その根は常に人々の生活の中にあった。学術が大きな力たりうるのはそのためであって、生活をはなれた学術は、どこにもない。

開かれた社会といわれる現代にとって、これはまったく自明である。生活と学術との間に、もし距離があるとすれば、何をおいてもこれを埋めねばならない。もしこの距離が形の上の迷信からきているとすれば、その迷信をうち破らねばならぬ。

学術文庫は、内外の迷信を打破し、学術のために新しい天地をひらく意図をもって生まれた。文庫という小さい形と、学術という壮大な城とが、完全に両立するためには、なおいくらかの時を必要とするであろう。しかし、学術をポケットにした社会が、人間の生活にとってより豊かな社会であることは、たしかである。そうした社会の実現のために、文庫の世界に新しいジャンルを加えることができれば幸いである。

一九七六年六月　　野間省一